# 生命有机体意蕴下的
# 学校变革

鲁兴树　著

南京大学出版社

**图书在版编目(CIP)数据**

生命有机体意蕴下的学校变革 / 鲁兴树著. — 南京：
南京大学出版社，2021.3
ISBN 978 - 7 - 305 - 24374 - 5

Ⅰ. ①生… Ⅱ. ①鲁… Ⅲ. ①中小学教育－教育改革
－研究 Ⅳ. ①G632.0

中国版本图书馆 CIP 数据核字(2021)第 074595 号

出版发行　南京大学出版社
社　　址　南京市汉口路 22 号　　　　　邮　编　210093
出 版 人　金鑫荣
**书　　名　生命有机体意蕴下的学校变革**
著　　者　鲁兴树
责任编辑　范　余

照　　排　南京南琳图文制作有限公司
印　　刷　江苏凤凰数码印务有限公司
开　　本　880×1230　1/32　印张 9.625　字数 202 千
版　　次　2021 年 3 月第 1 版　2021 年 3 月第 1 次印刷
ISBN 978 - 7 - 305 - 24374 - 5
定　　价　49.00 元

网　　址　http://www.njupco.com
官方微博　http://weibo.com/njupco
官方微信　njupress
销售热线　(025) 83594756

# 目　录

# 题 记

## 把学校看作生命有机体

笔者从教多年,并长期在机关工作。由此,学校是什么?如何看待学校?此等问题一直萦绕于心。多年来,常州市教育局一直倡导学校主动发展,那么,学校究竟怎样才能主动发展?这一疑问一直盘旋在脑。

有人说,思考往往并非启动于追求真理的良善意志,而是启动于充满偶然的相遇。笔者读到美国学者卡罗琳·J.斯奈德等人撰写的《生活在混沌边缘:引领学校步入全球化时代》一书,被书中的一些观点深深吸引,尤其是读到"当领导者用'生命有机体'的隐喻取代有关学校的'机器'隐喻,并改变他们管理与领导行为,以鼓励成长代替顺从时,成功的变革就会以自然而然的方式发生,虽然变革并非一帆风顺"这句话时,我心中一亮。

"有机"已成为一种时尚追求,有机食品、有机农业、有机生活,成为人心所向,大势所趋。"有机"已经变成绿色、健康、活力的象征。那么,学校是不是能变得"有机"一些?

其实,把有机体作为隐喻来研究社会、研究国家、研究企业,自古有之。如果说社会可以像一个有机体、企业可以像一个有机体，那么学校更应该像一个有机体。

学校是与人打交道的社会组织。当然，任何社会组织都在直接或间接地与人打交道；但其他社会组织一般是与人的某一方面打交道。如医院只关注人的身体是否生病，法院只关注人是否违法。而学校教育是与人的生命整体打交道。教育既要向学生传授知识，又要培养学生能力，健全学生品格；既要关注学生的当下，又要关注学生的未来；既要关注人的学习，又要关注人的健康和幸福。

因此，学校教育更应该具有有机的意蕴，更应该从"有机"中寻找一种新的视野。

生命有机体经过数十亿年的演化，蕴藏着无穷的奥秘和智慧。本书无意探究这些奥秘和智慧，而只是想结合当下教育改革与发展的实际，侧重于借鉴生命有机体的一些普遍特征来观照学校变革。其目的主要是丰富学校变革的研究视角，总结教育变革的区域和学校经验，并借此促进教育行政和学校管理者转变观念。

本书既是一种理性探究，也是一种感性诉求。说它是感性诉求，因为本书寄托着一种对美好教育的期待。愿我们的学校教育越来越像生命有机体那样充满生机与活力，越来越有助于人的健康成长和终身幸福！

# 第一章 引论：
## 生命有机体的意蕴

当领导者用"生命有机体"的隐喻取代有关学校的"机器"隐喻，并改变他们管理与领导行为，以鼓励成长代替顺从时，成功的变革就会以自然而然的方式发生，虽然变革并非一帆风顺。

——[美]卡罗琳·J.斯奈德等

# 第一节 问题提出

笔者是一名长期耕耘在基层的教育工作者,学校是什么? 如何办好一所学校? 类似的问题,一直在脑海里时隐时现。2003 年,笔者在常州市教育教学研究室工作,有一天,我在单位门口遇到一位刚刚从会场出来的教育局领导。他跟我说:"要推进课程改革,学校自己必须动起来,必须主动发展。学校不主动,课改无法进行……后面,我们要下大力气促进学校主动发展。"

听到这一番话,除了认同和心情略有些振奋之外,闪过一些想法:学校真的能主动发展吗? 学校主动发展的前提条件有哪些? 抓手又是什么? 虽然当时有些疑惑或者说有些困惑,但这些问题在笔者心里只是过眼云烟。后来,笔者调入机关,主要从事文字工作。在起草有关文件,撰写有关会议讲话稿时,又接触到"如何促进学校主动发展"等问题。在这一过程中,常州市教育局一直在抓三年一轮的"学校主动发展规划",其假设就是,规划权是学校的基本权利,要想使学校主动发展,必须把规划权还给学校。但笔者时不时在想,"学校发展规划"到底能在学校发展和区域教育发展中起到什么样的作用? 我们该怎样制订发展规划? 我们需要什么样的发展规划? 我们该如何对待发展规划? 学校主动发展究竟需要哪些条件? ……

制定和实施学校发展规划仅仅是促进学校主动发展的一个抓手或者说载体而已,不能把学校制定发展规划等同于学校主动发展。促进学校主动发展是一个系统工程。学校能否主动发展,最为关键的问题不在学校自身,而在政府和教育行政部门,在于他们怎样营造一个良好的学校发展环境,在于他们怎样管理学校,尤其是在于他们怎样认识学校,在于他们把学校看成什么,因为这既是观念问题又是思维方式问题,支配和决定着他们如何管理学校。

之所以产生这些想法,是因为切身感受到,如果政府把自己当作大管家,把学校当作只是执行政府意志的机器,进而对学校管理过多,干涉过多,学校就疲于应付,很难有时间和精力主动发展。正如学者蒲蕊指出:“事实上,将学校作为被动的、封闭的、孤立的执行机构来对待,将学校作为适应性、服务性、服从性的机构来控制的教育观念和教育实践已经严重地阻碍了学校的发展,消磨着学校的积极性、能动性和创造性,导致学校日益的僵化、封闭、无活力。”①

由于笔者当初并非专职科研人员,也非教育政策决策者,所谓“不在其位不谋其政”,加之事务性工作较多,对这些问题并没有持续关注。2018 年 8 月,笔者人事关系被调至常州市教育科学研究院。角色和身份的转变,加之工作的需要,增强了对类似问题研究的责任感。笔者带着问题研读了有关文

① 蒲蕊.学校的自主性问题研究[D].华中师范大学,2003.

献,当读到美国学者卡罗琳·J.斯奈德等人写的《生活在混沌边缘:引领学校步入全球化时代》一书时,被书中一些观点深深吸引,这些观点包括我们应该怎样看待学校。如书中这样说道:

在过去的一个世纪里,教育工作者认为学校是比较简单的系统……这样的学校显然是一个给大众提供标准教育的简单系统。①

工作体系深深植根于机械世界观,其关于秩序、控制和变革的设想仅仅试图改良服从模式,机构中的变革及新事物的自然过程常常被中止。②

对于领导者而言,这意味着从控制型思维方式到生长型思维方式的转变,只有这样,学校教育的自然演化才能适应环境的急剧变化。③

改变学校传统的根本问题,很大程度上是领导者对

　　① 〔美〕卡罗琳·J.斯奈德,等.生活在混沌边缘:引领学校步入全球化时代[M].郑旭东,丁煜,李曙华,译.北京:教育科学出版社,2011:34.
　　② 〔美〕卡罗琳·J.斯奈德,等.生活在混沌边缘:引领学校步入全球化时代[M].郑旭东,丁煜,李曙华,译.北京:教育科学出版社,2011:39.
　　③ 〔美〕卡罗琳·J.斯奈德,等.生活在混沌边缘:引领学校步入全球化时代[M].郑旭东,丁煜,李曙华,译.北京:教育科学出版社,2011:48.

社会系统生成的洞察力。①

特别是读到这句话:"当领导者用'生命有机体'的隐喻取代有关学校的'机器'隐喻,并改变他们管理与领导行为,以鼓励成长代替顺从时,成功的变革就会以自然而然的方式发生,虽然变革并非一帆风顺。"②

这些观点让笔者产生了强烈的共鸣,同时也给了笔者很大启发:要促进学校主动发展,释放教育改革活力,其重要前提,是我们不能把学校当作机器,不能把学校当作简单系统,而要把学校当作复杂的生命有机体。可是,"我们自己从学校开始和组织打交道,决定了大多数人只能看到一个机械的世界——一个充满措施、计划和项目的世界,一个由人们来'控制'、由领导者'推动'变革的世界,这就使我们看不到生命世界中的一些关键特征,它们决定着我们能否成功地持续进行变革。"③也就是说,只有把学校当作生命有机体,并转变我们的管理行为和教育行为,充分勃发学校的生命活力,学校才有可能主动发展。

那么,现实生活中,学校是怎样被当作机器的? 生命有机

---

① [美]卡罗琳·J.斯奈德,等.生活在混沌边缘:引领学校步入全球化时代[M].郑旭东,丁煜,李曙华,译.北京:教育科学出版社,2011:61.

② [美]卡罗琳·J.斯奈德,等.生活在混沌边缘:引领学校步入全球化时代[M].郑旭东,丁煜,李曙华,译.北京:教育科学出版社,2011:65.

③ [美]彼得·圣吉.变革之舞——学习型组织持续发展面临的挑战[M].王秋海,等,译.北京:东方出版社,2001:573.

体哪些特征与学校相关？学校作为生命有机体应具有怎样的特性？学校怎样才能成为生命有机体？为回答这些问题，笔者在工作之余一边学习，一边思考，本书在一定程度上是这些学习和思考的成果。

## 第二节　生命有机体之于学校变革的意蕴

有机体，又称"机体"或"生命有机体"，是"自然界中有生命的生物体的总称，包括人和一切动植物"①。有机体主要由核酸、蛋白质等高分子物质构成，具有生长、发育、繁殖、遗传、变异，能对外界环境作出有效反应等基本生理特征。有机体作为学术概念，起初主要用于表达生物体器官的机能，以区别于非生物体。后来，人们在研究社会时，发现生物有机体的一些特征也适用社会，于是，常常把社会比作有机体，甚至把企业比作有机体，用有机体的一些特征和机理来研究社会，研究企业。

有机体的特征在被用作研究自然，研究社会时，其内涵往往被延伸。此时的"有机体"常常被看作与"机械体"相对的概念。如康德认为，有机体(a living organism)不同于机械体(mechanism)，组成有机体的诸要素以特殊的方式紧密联系在一起，其要素都是器官，要素之间相互依赖，各要素之间不

---

① 夏征农.辞海[M].缩印本.上海：上海辞书出版社，1980：1250.

仅相互依赖、不可分离,而且相互生成;机械体的各要素则是可以分离的。①

　　需要说明的是,作为"机械体"相对的有机体,有时不一定指生物有机体,如柏拉图等人认为宇宙也是有机体。因为宇宙是普遍联系的,具有活力的整体。因此,有机体的概念在不断泛化,凡是具有生命活力,具有生物有机体的一些特征的组织或者系统皆有可能被称为"有机体"。本书中的有机体,虽不限于生物有机体,但作为比喻研究所运用的有机体的特征,主要来自生物有机体。为了突出有机体的生命特征,本书将"有机体"称作"生命有机体"。

　　生命有机体的特征非常丰富,限于时间和精力,结合学校教育实际,笔者在这里主要讨论以下五个方面的特征。本书中的"生命有机体意蕴下的学校变革"主要指这五个方面的特征对学校变革的启示和意义。

## 一、生命性与人本性

　　有机体是具有生命的个体的统称,又称生命有机体。"生命性"是有机体的总体特征和根本特征。生命的最基本特征是新陈代谢,没有新陈代谢就没有生命,生命因为新陈代谢而得以存活,得以充满生机与活力。可以说,生命的标志在于

---

① 曾红宇.马克思社会有机体思想研究[M].北京:中国社会科学出版社,2013:36.

"活"。由此,生命常常被看作活力的象征,生命新陈代谢的机制、生命周期的规律常常被用于其他领域的研究。

生命是由无机物经过极其漫长而复杂的过程演化而来的,目前,还没有足够证据证明其他星球有生命,所以任何生命都是极其偶然的存在,是宇宙的奇迹。生命因来之不易而显得弥足珍贵,又因为珍贵而需要我们敬重和呵护。

生命在有些语境下又叫"生灵",因为生命是有灵性的存在,生命因为有灵性而神奇,又因为神奇而令人赞叹,令人迷恋,总是激发人们对其探究的欲望。

古希腊哲学家莱布尼茨有句名言:"世界上没有两片完全相同的叶子。"地球上生命种类繁多,千姿百态,但每一种生命又是特异的、独特的。不仅如此,即便是同一种生命也各具特点,如全球数十亿人之中也找不到两个完全相同的指纹。生命因独特而美丽,每一个生命因独特而具有存在价值和生命意义。

教育是与人的生命打交道的事业,教育的根本意义在于提升人的生命价值,生命性是教育的重要特征,教育也因生命而神圣。

"人本性",即以人为本。"本"原意指草木的根或茎干,泛指事物的根源或根本,延伸之意还有"中心""主体""目的"等意。社会学、教育学等领域所涉及的生命是人,人是地球上高级生命形式,是唯一的智慧生命。在人与物、人与组织、人与人的关系中,人应该是目的。康德有句名言:"每个人都是目的,而不是手段。"因此,生命性常常与人本性联系在一起,尤其是在教育领域里,因为教育是培养人的事业。

蒲德祥在《生命管理:理论溯源、特征及策略》一文中指出:"企业经营应以人为目的,以人为中心,以人为动力,以人为标准,并通过系统代谢作用与环境进行物质能量交换使其生命有机体的潜力和优势获得生命意义的发展。"①一般认为,企业的生存和发展根本动机是营利,而不会顾及人的生命意义。

企业尚且如此,作为以育人为目的的学校更应该坚持以人为本。因为"教育是直面人的生命、通过人的生命、为了人的生命质量的提高而进行的社会实践活动,是以人为本的社会中最体现生命关怀的一种事业"②。如果学校是生命有机体,那么学校就应该尊重生命,就应该把工作重心从"物"转移到"人",真正做到"为了人""依靠人",进而实现人的生成和教育的生成。简而言之,生命有机体之于学校变革的一个重要意蕴是生命性和人本性。

## 二、系统性与整体性

系统,一般是指多种元素之间相互联系、相互作用而形成

---

① 蒲德祥.生命管理:理论溯源、特征及策略[J].管理学家(学术版),2011(12):59—68.

② 叶澜."生命·实践"教育的信条[N].光明日报,2017-02-21(13).

的综合体。钱学森认为：系统是由相互作用相互依赖的若干组成部分结合而成的，具有特定功能的有机整体，而且这个有机整体又是它从属的更大系统的组成部分。系统一般具有三个基本特性。

一是多元性。单一元素构不成系统，一个系统至少有两个以上元素组成，系统乃多样性的统一。系统，按照《中华大词典》解释，是指同类事物按一定关系组成的整体。但同类事物中的各元素又具有不同性质和特点，同质元素构不成系统，系统又是差异性的统一。

二是关联性。元素之间，如果相互割裂，就不能构成系统，只有相互制约、相互作用、相互依存，具有一定的有机关系才能构成系统。系统内部要素之间的各种关系又构成一定的结构，任何系统都具有结构性。系统的结构决定着系统的功能。如人体的消化系统是由口腔、咽、食管、胃、肠等多个器官组成，但不是这些器官简单拼凑，而是彼此相互协作才能履行消化和吸收功能。

三是整体性。系统有多种元素构成，但又由于元素之间相互作用，而形成单个元素所不具备的、具有特定功能的整体。整体的功能取决于这些元素中单个元素的质，以及它们之间的有序度。如果单个元素功能强，元素之间组合有序度高，那么整体功能就会大于部分之和。反之，整体功能则有可能小于部分之和。

系统，可谓无所不在，从基本粒子到整个宇宙，从无机界到有机界,从自然科学到社会科学,存在形形色色的系统。钱学森曾把系统分为简单系统和巨系统两大类,在巨系统中又分为简单巨系统和复杂巨系统。总体来说,与无机体相比,生命有机体要复杂得多,属于复杂巨系统。例如,传统上,人们根据功能的不同,把人体分为八大系统,即呼吸、消化、循环、运动、泌尿、神经、内分泌和生殖系统。每一系统都有其独特的生理功能,这些系统又在神经系和内分泌系统的调节下,彼此相互作用,相互配合,协同而完美地完成人体的整体功能。其实,这八大系统中的每一个又可以分为若干层级的子系统。

整体性是生命系统性的一个突出和重要的特征。"当我们把一个生命系统剖分成各个部分时,我们所研究的不过是一个死物而已。生命,作为系统的整体的性质,已随着剖分的进行而消失殆尽。"①比如,植物细胞中的线粒体、叶绿体、中心体等细胞器都有其独特功能,但是它们只有组成一个整体才能完成对应的功能,如果离开了细胞整体,就无法完成它的功能。这恰如黑格尔的一句名言:"割下来的手就不是真正的人手了。"

在生命系统中,整体性不仅表现在独立的个体,也表现在生物的群体间。如美国生物学家威廉·莫顿·惠勒把蜜蜂、蚂蚁和白蚁等社会性昆虫群体比作超级有机体。这种群体,

① [德]弗里得里希·克拉默.混沌与秩序——生物系统的复杂结构[M].柯志阳,吴彤,译.上海:上海科技教育出版社,2010:19.

其成员的形态和生理并非一致,各类成员有严格的分工和协作,他们担当不同角色,很像一个有机体的各种器官。此外,生命的整体性也表现在生物与环境的相互关系上。生命有机体与其环境相互作用,相互影响。某一地域的生命有机体是适应其环境的产物,同时又改造着它的环境。

有机体具有系统性和整体性,为我们研究学校变革提供了重要的理论视角和方法论。它提示我们,学校有机的变革必然是整体的变革,确立系统思维,树立整体观念,是学校有机变革的重要诉求和意蕴。

### 三、自组织性与主动性

自组织是一个复杂适应系统的基本行为,它指系统不需要外部的帮助,在没有外界强烈干扰的情况下,自身就能生存、繁衍并不断演化,自身就能从无序状态变成有序状态的过程。对于生命系统来说,自组织是指"生命系统在与外界进行物质、信息、能量交换的同时,又有其不可改变的自我发展方向"[①]。生命自创生理论认为:"生命的根本特征是一个源于内部自我生产过程的自我维持。"[②]从"进化论"的角度看,自组织是一个生命系统在遗传、变异的作用下,在自然选择的基

---

① 李丹,李润珍,李欢欢.生命系统的自组织现象探究——"鞭毛"细菌的启示[J].科技创新与应用,2014(11):3—4.
② 李恒威,肖云龙.自创生:生命与认知[J].上海交通大学学报(哲学社会科学版),2015,23(02):5—16.

础上,组织模式和运行结构等不断地进行自我完善,从而提高适应环境能力的过程。

生命有机体具有高度的自组织性,如有机体的细胞、组织和器官等不仅能自行行使其功能,还能协调其他细胞、组织和器官的活动。有些生物,其部分器官,甚至身体,在失去一部分后,还可以自行恢复。如蚯蚓身体某些部位被切断以后可以再生,而且还可以再生出缺失部位的身体。有些低等动植物被解构和拆散后,分散的细胞又可以重新组装成完整的机体。这些说明生命有机体具有很强的自组织能力。

学校作为一个复杂的组织,它具有自行创生、自行演化,自行从无序走向有序的功能,即具有自组织功能。进而言之,学校组织的演化和发展并非是一个简单的外部控制的过程,而是在外部因素影响下的自我生成的过程。因此,学校作为一个生命有机体,其变革要充分依靠和利用自组织力量。

在生物学语境中,生命,尤其动物具有一定的主动性。生命有机体不仅能自动适应和使用环境,而且可以灵活地选择环境,利用环境。即便是进化地位低等的原生动物,也具有应激性,具有趋利避害等特性。例如,把草履虫放在一边为糖溶液一边是酸溶液的培养液(与糖溶液、酸溶液连通)中,它们大多数会自动游向糖溶液,而离开酸溶液。至于昆虫的趋避行为,以及更高级动物的神经反射行为,则表现出更大的主动性。生命的主动性还可以在进化论的一些观点中得到体现。如关于进化的根本动力,拉马克认为是"内在意志力量",柏格森认为是"生命冲力"，两者都从一个侧面表达了生命的主动性。柏格森指出："生命不能止于重复环境，而应积极回应环境。"①

　　学校作为由人组成的生命系统，作为有计划、有组织、有目的地向学生传授知识技能、价值标准，促进人的全面发展的教育组织，更应该具有主动性。学校应主动适应环境变化，迎接各种挑战，把握各种发展机遇。学校应具有依靠多元信息进行独立决策的意识和能力。同时，学校还要建立整体协调机制以保障在学校内部各单元独立决策与行动时，整个系统具有内在一致性。

## 四、开放性与协同性

　　任何一个生命系统都是物质、能量和信息的统一体，它们相互依存、相互作用。其中，物质是本源的存在，能量是运动的存在，信息是联系的存在。物质与能量相伴而生，信息则存在于物质和能量中并随物质和能量的运动而传递。而物质、能量和信息的运动必须在开放的环境中发生，即任何一种生命都需要不断地与周围环境进行物质、能量和信息的交换。正如恩格斯所言："生命的每一瞬间都既是自身，又是他物。"②一方面，生物时时刻刻都在受环境的影响和制约，生物

────────────

　　①　［法］亨利·柏格森. 创造进化论［M］. 肖聿，译. 北京：华夏出版社，2000：53.

　　②　马克思恩格斯全集：第23卷［M］. 北京：人民出版社，1972：8.

面对环境的变化必须做出调整,以应对和适应环境,并在此过程中获得进化。另一方面,生物的生存和活动也会或多或少地影响环境,改变环境,因为任何生物都构成了其他生物的环境。生命正是在环境变化与生物适应进化的交互中得以延续和发展。

这里的环境不仅包括自然环境,也包括生物环境。任何生物的生存都要与其他生物发生各种关系,如捕食关系、竞争关系、合作关系、寄生关系等。

过去,受达尔文进化论的影响,人们过于重视竞争在进化中的作用,过于信奉丛林法则和优胜劣汰。诚然,"竞争是物种向多功能进化的作用力,是塑造植物形态、生活史以及群落或生态系统结构与动态的主要动力之一"①。在自然界,无论是相同物种的内部,还是不同物种之间广泛存在"生存竞争"现象,然而,"从生物界整体的角度观察,生物之间的协同作用是主导性的,'优胜劣汰'的竞争是从属性的。因此,竞争只是生物进化过程中出现的阶段性现象,生物进化的发展方向终将是生物与生物之间以及生物与环境之间的协同"②。

考察生物进化史会发现,生物进化在很大程度上是一种"综合"过程,是一个由简单生物不断联合成复杂生物的过程。

---

① 李博,陈家宽,Watkinson AR. 植物竞争研究进展[J]. 植物学通报,1998,15(4):18—29.

② 王德利,高莹. 竞争进化与协同进化[J]. 生态学杂志,2005(10):1182—1186.

如按照内共生理论,真核细胞起源于原核细胞的共生,而不同种类的真核细胞进行融合,又导致一些菌落的形成,这些菌落,最终变成后生生物。举例来说,关于真核细胞的起源,以马古利斯为代表的"内共生起源说"认为,在数亿年前,某些大型的吞噬细胞,先后吞并了几种原核细胞。由于后者没有被吞噬细胞所分解消化,反而从寄生过渡到共生,并成为宿主细胞的细胞器,如一些好氧细菌成为线粒体,蓝藻成为叶绿体。这些现象表明,协同是生物复杂化和生物从低等到高等进化的重要途径。

生命有机体的开放性和协同性带给学校变革的启示是:学校应该积极应对社会环境的变化,呼应新时代人的发展需求,把变革作为学校生命之舞。同时,学校应积极与其他学校及各种社会组织建立协同发展的关系,因为"只有处在多元化的外部环境的密切联系之中,学校才能立足并深化自己的智力基础"①,才能获取各种资源和信息,集聚各种变革能量。

## 五、不确定性与生成性

当代美国著名的生物哲学家迈尔指出:"生物学只有一条普遍定律,那就是一切生物学定律都有例外。"②这种"例外"

---

① [加]迈克尔·富兰.变革的力量:续集[M].中央教育科学研究所,加拿大多伦多国际学院,译.北京:教育科学出版社,2000:265.
② [美]恩斯特·迈尔.生物学思想发展的历史[M].徐长晟,等,译.成都:四川教育出版社,2010:210.

就是一种不确定性。生物体分子之间存在着广泛而复杂的相互作用。比如,一个生物体拥有成千上万种基因,而这些基因的产物——蛋白质的种类和数量就更为庞大。这些生物分子之间存在着各种直接或间接联系,共同执行生物功能,这就使得生物体异常复杂,导致生命系统的运行和发展存在着太多的不确定性因素。

生命系统的不确定性,导致其行为不能通过叠加原理而简单地推导出,即表现为非线性。在生命现象里,因果关系往往不具备一一对应性,"规律"性偶尔会表现不规律性,微弱变化会形成突变,甚至会产生"蝴蝶效应"。如同一症状可能由多类不同疾病所引起;正常人的呼吸运动、脑思维活动等偶尔会出现不规律现象;心脏病人发病时,偶因一个微小干扰而引发不幸死亡。这些类似非线性现象在生命系统里时有发生。

不确定性一方面影响我们对事物发展的预判,影响我们对事物规律的认识和把握;另一方面,又为事物的自由发展,为事物的生成和创造提供了机会。在一定意义上,"生成"是与"预见"相对的概念。预见是从"现在"推断"将来"。在物理学中,"预见"常常是可能的、准确的,但在生物科学中,预见的可能性要小得多。如一对夫妻很难预见下一个孩子的性别;人们很难预见哪一种生物会在什么时候灭绝。英国生物学家理查德·道金斯(Richard Dawkins)举过一个很经典的例子:"如果你捡起一块石头,把它抛向空中,它会呈一条漂亮的抛物线落下;但是如果你把一只小鸟抛向天空,它的行为决不会像石块一样,它会飞向树丛的某处。"①因为鸟儿是生命体,不能用物理学原理来解释它,鸟儿飞到何处,有着外人难以预料的多种可能性。

生命系统的不确定性和生成性启示我们,不能把学校变革当作预先规划和方案的机械执行过程,要注重发现和应对变革过程中的各种例外和偶然性,要"因变而变""应变而变",及时调整变革策略和路径,及时捕捉各种动态资源,把握各种变革机遇。只有这样,才能充分打开变革的可能空间,实现学校最大可能的发展。

以上阐述了生命有机体的五个方面的特征,笔者在后文中将以这些特征为主题分五章讨论有机体意蕴下的学校变革特点。

## 第三节 学校作为生命有机体的探索

在探讨和研究有机体意蕴下的学校变革时,有必要借鉴和学习有关社会有机体的研究。因为社会有机体的研究有着悠久的历史和丰硕的成果,而学校又是社会的子系统。同时,还有必要了解有关企业有机体的研究。企业和学校都是一种特殊的社会组织。企业是一种社会经济组织,是以营利为目

---

① [美]沃尔德罗普. 复杂:诞生于秩序与混沌边缘的科学[M]. 陈玲,译. 北京:三联书店,1997:325.

的;而学校是以培养人为目的,一般而言是非营利性组织。正因为两者在目的上有较大差异,在研究学校组织特性时,人们常常以企业作为对照。如我们常常听说"学校不同于企业……"之类的话语。从文献搜索和浏览中发现,关于企业的有机体研究似乎不少于有关学校的有机体研究。

## 一、生命有机体与社会

在互联网上搜索"有机体"一词,常会出现"社会有机体"。"社会有机体"这一概念是将生命有机体一些特征比拟社会而提出来的。因为从有机体视角看,社会是一个不断变化、发展着的具有生命活力的机体,它具有自我组织、自我调节、自我更新等一系列机体特性。这种"比拟"自古有之,如柏拉图曾经指出,就像人体分为很多器官一样,城邦也由不同人群构成。这不同的人群各司其职,共同构成了城邦这个有机体。

孔德被认为是明确探讨社会有机体概念的先驱,他的有关社会结构和社会发展的理论已经包含社会有机体的思想萌芽。孔德曾经指出:"我将把社会有机体分别分解成家庭、阶级或种族以及城市和社区。其中家庭是社会真正的要素或称之为细胞,阶级或种族是社会的组织,城市和社区是社会的器官。"①正是由于他用生物有机体的特点来类比社会,研究社

---

① [美]乔纳森·H.特纳.社会学理论的结构[M].吴曲辉,等,译.杭州:浙江人民出版社,1987:44—45.

会,所以他的社会学说又被称为"有机体类比功能主义"。

一般认为,正式将有机体概念引入社会学的是社会学家、教育家斯宾塞。他指出,"一个社会和一个个别的人一样,是完全按相同的体系组织起来的,以致我们可以感到它们之间有着类似的某种东西"①,"社会就是一个有机体,也有营养器官、循环器官、协调器官和生殖器官"②。斯宾塞强调,社会有机体与个体有机体具有相似性,两者的共同特征主要是:"社会有机体在不断生长;愈生长变得愈复杂;在总体日趋复杂的同时,其组成部分之间的相互依赖性也随之不断增长;总体寿命较之各构成单位寿命要长得多……无论是总体还是组成部分都有一个不断集结的过程,并伴之以异质状态的不断增强过程。"③从这里可以看出,斯宾塞注重运用生命有机体的生长性和整体性的特征来研究社会。

当然,社会有机体的特点不可能与生命有机体的特点完全相同。在斯宾塞看来,两者不同点主要表现在:"① 生物有机体的各部分构成一个具体的整体,而社会有机体的各部分构成一个抽象的整体;② 生物有机体的活体单位固结在一起,联系紧密,而社会有机体的成员是自由的,或多或少是分散的;③ 生物有机体的中枢神经功能通过身体传送的刺激来

---

① 　[英]赫伯特·斯宾塞. 社会静力学[M]. 张雄武,译. 北京:商务印书馆,1996:257.

②③ 　[美]威尔·杜兰特. 探索的思想:下卷[M]. 朱安,等,译. 北京:文化艺术出版社,1990:381.

实现,社会有机体的中枢神经功能则通过情感语言和思想语言来实现;④ 生物有机体的意识集中于整体的神经系统,社会有机体的意识则分散于整个社会,各社会成员都具有感知苦乐的能力。"①

从这些不同点可以看出,这里的生物有机体主要指的是生物个体,如一个植物、动物、人等,不涉及社会关系,是生物体在自然状态下的特征。而社会有机体涉及社会关系,指的是群体或者说是集体。社会有机体是由不同的人所组成的,而人具有自我意识,社会有机体内的各团体往往为所代表成员的利益而存在。所以斯宾塞认为,生物有机体是一个有其器官和组织组成的更加紧密的整体。

"斯宾塞利用生物学的概念来解释社会现象,具有一定的合理性和进步性。但是,由于牵强附会的成分浓厚,而且仅仅停留于自然界生物体的层面来对社会进行解释,导致其历史局限性不可避免。"②社会有机体与生物体有机体虽然有相似性,但两者又有很大差异。比如,生物有机体只是自然存在物;而社会有机体由于有目的有意识的人的实践活动的参与,不仅是自然存在物,更是有自觉意识的社会存在物。

社会有机体论的观点被提出后,经过利林菲尔德、舍弗勒等人的阐扬,成为早期社会学中最具普遍意义的方法论基础,

---

① 皮后锋. 严复评传[M]. 南京:南京大学出版社,2006:449.
② 苏承英. 马克思社会有机体整体性理论与社会主义和谐社会建设[J]. 甘肃理论学刊,2010(05):43—46+82.

对 19 世纪欧洲社会学和美国早期社会学都产生重要而广泛的影响。

马克思主义社会学既借鉴前人关于社会结构认识的积极、合理的成分，又吸取了当时社会科学研究的最新成果，形成了相对完整的社会有机体理论，可以说是最早把社会作为一个有机系统来研究并提出社会有机体范畴的学术。马克思在研究中多次提出有机体的概念，如在《哲学的贫困》一书中指出："谁用政治经济学的范畴构筑某种思想体系的大厦，谁就是把社会体系的各个环节割裂开来，就是把社会的各个环节变成同等数量的依次出现的单个社会。其实，单凭运动、顺序和时间的唯一逻辑公式，怎能向我们说明一切关系在其中同时存在而又互相依存的社会机体呢？"[①]在此，马克思强调社会是由各个要素之间相互影响、相互作用而构成的具有有机联系的整体。又如在《资本论》第一版序言中说："现在的社会不是坚实的结晶体，而是一个能够变化并且经常处于变化过程中的机体。"[②]此处，马克思强调，社会是一个不断发展变化和动态生成的过程。

社会有机体的研究在马克思主义理论体系中占据十分重要的地位。孙承叔等人认为："代表马克思历史观思想高度的理论学说之一的社会有机论，既是马克思历史观最基本的思

---

① 马克思恩格斯选集：第一卷[M].北京：人民出版社，1995：143.
② 马克思恩格斯文集：第五卷[M].北京：人民出版社，2009：11—13.

想资源,又是其研究的理论旨归。"①"社会有机体是研究历史唯物主义的根本'元素',是马克思历史哲学的'中轴',是渗透在一切原则、概念中的历史基线。"②"社会有机体是考察历史的'基本单位',它决定了马克思历史哲学的系统性、总体性、辩证性以及丰富性等。"③

综观马克思主义有关社会有机体的论述,有人将其特征归纳为以下几个方面④:

一是过程性。社会有机体是一个不断变化的生成过程,而不是始终不变的"坚实的结晶体"。这种生成过程是永远变化的绵延过程,是从低级到高级的复杂化和进化的过程,是传承与变异相互作用的过程,是社会文明进步的过程。

二是整体性。社会有机体不是这些构成要素的简单机械相加,而是按照一定关系建立起来的有机整体。这种整体包括横向的整体性和纵向的整体性。从横向来看,社会有机体概念侧重于社会各个部分之间的协调性、互补性以及整体性;而从纵向来看,社会有机体概念则是指社会发展的自组织性、

---

① 孙承叔,王东. 论马克思社会有机体学说的理论地位[J]. 学术月刊,1986(8):22—24.

② 孙承叔. 真正的马克思——《资本论》三大手稿的当代意义[M]. 北京:人民出版社,2009:87—116.

③ 孙承叔. 关于历史单位的哲学思考——兼论马克思的社会有机体学说[J]. 东南学术,1999(5):77.

④ 靳书君,李永杰. 马克思社会有机体概念的特征与意蕴[J]. 广西社会科学,2017(03):38—43.

规律性、和谐性。

三是系统性。社会有机体是一个多层级、多面向的复杂巨系统,在这种巨系统中,大系统包括子系统,子系统之间、子系统与大系统之间都具有密切的关联和相互依赖性。这种密切联系和相互依赖又保证了社会系统具有较高的有序性、协调性、精密性以及和谐性。社会有机体不仅自身表现为一个有机整体,还与周围环境进行着有序的能量、信息交换。通过这种交换,社会有机体与环境相互适应,相互影响,相互改变。

四是自组织性。社会有机体具有很强的自组织性,即具有自我更新、自我发展的能力。"从表面上看,人类社会好像是由人自觉地控制着发展起来的,但实际上人类历史的发展却是一个自生自发的过程,人类之所以能'创造'历史,就是因为人类顺应了历史发展的规律。"[①]在马克思主义看来,人类对社会的改造必须遵守和顺应社会历史发展的内在规律,必须充分发挥社会自组织作用。

此外,马克思主义社会有机体学说还关注平衡性和自我修复性等特征。

学校系统是社会系统的特殊的子系统,无疑,马克思主义关于社会有机体的思想为我们认识学校有机体具有重要的指导意义。本书无意深入探索和系统建构关于学校有机体的思

---

① 靳书君,李永杰.马克思社会有机体概念的特征与意蕴[J].广西社会科学,2017(03):38—43.

想体系,而只是侧重于借鉴有机体的一些特征以及由这些特征延伸出来的思想观点来观照和研究学校变革。马克思主义指出的社会有机体的上述几个特征,对我们研究和推进学校变革有着很好的指导、启示和借鉴意义,学校变革应该遵循过程性、整体性、系统性和自组织性等原理。

## 二、生命有机体与企业

将企业比作有机体,借以研究企业组织目的、构造与运行机理,可以追溯到很久以前。早在 20 世纪 30 年代,美国心理学和管理学家梅奥就提出,企业组织内部应借鉴生物系统原理,建立"有机化"的管理系统。1938 年,美国管理学家切斯特·巴纳德在其撰写的《经理人员的职能》一书中认为,企业组织与人一样,也是有生命的,其活力依赖于各部分的密切协作。

从文献来看,有关企业有机体的研究,其视角十分丰富。

有人关注企业的发展规律。如伊查克·爱迪思创立了企业生命周期理论,试图用生命有机体的周期现象来研究企业的发展,将企业的发展过程分为孕育期、婴儿期、学步期、青春期、盛年期等不同阶段,认为企业的整个生命周期就像一个人的一生,是一个不断成长而后又渐渐衰落的过程。企业生命周期理论的研究,其目的在于使企业找到一个相对较优的模式来保持企业的持续发展能力。

有人关注企业的生命性、人文性。管理大师彼得·德鲁克指出:"企业存在于社区之中,企业不只是一种生计,还是一个生命。"①我国学者蒲德祥在《生命管理:理论溯源、特征及策略》一文中指出:"企业经营应以人为目的,以人为中心,以人为动力,以人为标准……"笔者认为,企业关注人的生命性,有助于改变企业只把人当作工具的思想,有助于增强企业的伦理性和道德性,有助于社会的文明和进步。同时,企业通过对人的生命关怀来激发人的精神动力,还可以达到企业的营利与企业员工生命意义提升的"双赢"。

有人关注企业的系统性和生态性。约克·李格尔指出:"机械论的世界观没有看到现实存在的复杂性,而有机论的世界观却可以对现实存在的复杂性给出更好的解释。"②他进一步举例说,对于汽车生产所需的原材料,如钢铁、橡胶等,机械论者会将注意力放在如何将原材料转化为成品,如何使生产更加快速,成本更加低廉,而不太考虑更大的系统性问题和生态问题,如思考橡胶生产的自然极限。这种机械论思维是导致资源枯竭的重要原因。可以看出,在约克·李格尔的思想里,有机思维是一种系统思维、一种生态思维。

有人关注企业发展的动力机制。如美国学者马奇和西蒙于1958年指出,企业组织是一种具有某种决策能力的人类有

---

① 孙选中.生命意识渗入管理意识[J].武汉冶金科技大学学报(社会科学版),1999(02):83.

② [美]约克·李格尔.从机械思维到有机思维及其超越[J].张媛,译.当代中国马克思主义哲学研究,2015(00):249—254.

机体。这种有机体具有欲望、动机和进取心，是一种复杂的沟通系统。

有人重视企业生态化研究。我国长城企业战略研究所曾著文《企业走向生态化——有生命的组织系统》，他们在文章的开篇中指出："在新经济的环境下，企业正变得越来越'生态化'。社交化促进企业间的合作互联，形成链接一切、去中心化、网络化生产的企业生态圈，企业之间的竞争升级为生态圈之间的竞争。技术创新和人本经济改变了企业内部组织的运作逻辑，越来越多的企业组织由传统的线性发展转向多维发展，形成广分布、共生、自驱动的生态型组织。"①

值得一提的是，我国北京锐安科技有限公司秉承"向生命系统学机制，向人类大脑学智慧"的基本原则，较为系统地构建了企业有机论的理论体系，提出了企业有机论。② 其主要内容有"三大方面、四大系统"。"三大方面"包括企业有机体与环境、企业有机体间交互、企业有机体内代谢。将这三大方面拆分开来即为四大系统，即生态环境系统、价值系统、生理系统与细胞系统。其中"生态环境系统"回答的是企业有机体与外部环境如何相处、企业有机体之间如何交互的问题；"价值系统"回答的是企业如何创造价值的问题；"生理系统"回答

---

① 企业走向生态化——有生命的组织系统（上）[J]. 新材料产业，2018(03)：62—66.

② 谢永恒，周禹，郭学涛. 企业是一个有机生命体[J]. 经理人，2017(03)：46—49.

的是如何保障有效且持续创造价值的问题;"细胞系统"则是基础,诚如有机体是由细胞组成的,每个"匹配到岗位的人"好比企业有机体的细胞。企业有机论的研究,让我们看到了在高科技、全球化、信息化和智能化时代,企业在学习和借鉴生命智慧中所作出的努力和探索。

综上,企业有机论研究比较丰富多元,并充满生机与活力。这是学校有机体研究比较缺乏的。企业有机体研究对学校有机体研究具有重要的启示意义。比如,一般认为,企业的目的主要是追求利润,而有的企业有机体研究把企业变革的目的从物转到人,无疑具有进步意义,对学校教育管理与变革更是一种很好的启迪。笔者将"学校变革如何坚持以人为本"作为本书中第一章的主题,在一定程度上是受此启发。又如企业发展的动力机制研究、企业有机化管理研究等,这些对学校变革和管理改革无不具有重要参考意义。

## 三、学校作为生命有机体的探索

把教育与自然、与生命有机体进行比较,自古有之。本书在此不作系统追溯。

在中国,春秋战国时期,老子和庄子主张"道法自然",其思想就是强调要遵循人的自然本性,返璞归真。这期间比较典型的代表是管仲,他提出:"一年之计,莫如树谷;十年之计,莫如树木;终身之计,莫如树人。一树一获者,谷也;一树十获者,木也;一树百获者,人也。"管仲用种庄稼、种树来比喻教育,并且指出教育更具有长期性和复杂性,从一个侧面体现了自然教育的思想。他的"十年树木,百年树人"成为教育的千古至理名言。

在西方,亚里士多德在历史上首次提出了"教育遵循自然"的原则,强调在教育过程中要重视儿童心理发展的自然特点,按照儿童心理发展的规律对儿童实施分阶段教育,提倡促进学生全面和谐发展。

历史上,直接以"有机"命名的、比较有影响的研究机构是美国教育家、进步教育协会的创始人之一约翰逊于1907年创办的费尔霍普有机教育学校,这所学校因称"有机教育学校"而闻名。

约翰逊有机教育学校的主要特点是:① 培养目标是发展人的整个机体,重视社会意识的培养;② 教育方法遵循学生自然生长的规律;③ 课程计划以活动为主,以活动和手工作业代替一般课程;④ 教学组织形式根据学生年龄分组而不分年级,主张一般的发展而不是以知识的掌握程度来调整学生的分班。此外,有机学校还废除背诵、指定作业、考试、升留级等制度。

有机教育学校强调以儿童为中心、活动为中心、生活为中心,强调促进人的整体发展,强调遵循自然生长规律,这些无疑具有进步意义。与其他进步主义教育实验一样,有机教育学校实验也因为过分强调儿童中心,忽视社会和文化发展对教育的制约作用等原因,最后以失败而告终。不过,其部分教育思想对后来办学者影响较大。如我国华东师范大学松江实验高级中学在积极践行其有关思想,该校校长潘建荣撰文指出:"'有机教育'是一个挺不错的理念,只可惜它与目前国内的教育环境而言实在是'太不适宜';在社会关注度极高、高利害性考试频密的高中更如同是'禁区'。但是在我们这所学校,'有机教育'的思想却已经为教师所普遍接受,而且学校通过一系列制度变革、流程再造、文化重建让它结出了红硕的花朵。"①

在潘建荣校长看来,即便在当今,实施有机教育仍然缺乏有利环境和土壤,但不应该因此而漠视有机教育思想的前瞻性和合理性,漠视对有机教育思想的研究,而应该利用其积极合理的因素来改造现实教育。

说到有机教育,应该提一下英国著名的哲学家、哈佛大学教授怀特海。怀特海是有机哲学②的创始人,受其有机哲学的影响,他把教育看作一个自然的、有机的过程,他的有关教育主张具有浓浓的有机特征。"怀特海的教育目的观植根于其机体(过程)哲学及其对'人'的独到认识,可以说,他的教育目的观是其机体(过程)哲学思想中的一块瑰宝,是机体(过程)哲学在教育领域中的一种延伸和应用,这种延伸和应用无

---

① 潘建荣.学校改进:以"有机教育"的名义[J].上海教育,2017(28):67.

② 怀特海的哲学既强调过程,又强调联系。侧重于"过程"的人喜欢称之为"过程哲学",侧重于"联系"的人喜欢称之为"有机哲学"。

不打上了其机体(过程)哲学思想的烙印。"①怀特海有机教育的核心就是"教育节奏说"。他认为,生命的发展具有周期性、阶段性特点,教育必须依据这一特点"因时施教",即"在学生心智发展的不同阶段,应该采用不同的课程,采用不同的学习方式"②。

怀特海话语中的有机体并非局限于生物有机体,而是一种更广意义上的有机体(他本人称之为宇宙有机体),是一种关系有机体而不是实体有机体。他的"有机体"在很大意义上不是与"无机体",而是与"实体"相对的概念,其哲学意蕴非常深刻。怀特海指出:"自然、社会和思维乃至整个宇宙,都是活生生的、有生命的机体,处于永恒的创造进化过程之中。构成宇宙的不是所谓原初的物质或客观的物质实体,而是由性质和关系所构成的'有机体'。有机体的根本特征是活动,活动表现为过程,过程则是构成有机体的各元素之间具有内在联系的、持续的创造过程,它表明一个机体可以转化为另一个机体,因而整个宇宙表现为一个生生不息的活动过程。"③

怀特海的思想极其博大,其哲学体系对西方近代哲学的发展产生了深远影响,他的有机教育思想无疑对教育变革具

① 阳黔花,杨芳. 怀特海论教育的目的[J]. 贵州师范大学学报(社会科学版),2012(1).

② [英]怀特海. 教育的目的[M]. 庄莲平,王立中,译. 上海:文汇出版社,2012:23.

③ [英]怀特海. 过程与实在[M]. 杨富斌,译. 北京:中国城市出版社,2003:30.

有重要指导和启示意义。"但怀特海的过程教育哲学,在我国学术界还没有引起足够的重视,其诸多富有创见的思想和智慧还没有得到应有的彰显。"①

文献检索表明,近年来,有关学校有机体方面的研究渐成趋势。吉林省延吉市教育局副局长厉成根于 2013 年在《中国教师报》上发表了《学校应该是个有机体》一文。该文指出,学校与有机体一样,对内对外要进行信息和能量的交换,因此要与社会对话。文章强调,成长是有机体的重要特征,学校应该体现成长性。不仅学生、教师要成长,学校的设施设备、校园文化都应该在生命系统中成长。文章最后指出:"当我们确立了学校是个有机体的概念后,对'相互作用、密切联系、有机统一'等词语就会有更进一步的认识,用'开放生长的、科学系统的生命体'来看待和分析学校教育的一些现象、行为和政策,我们就会得到一些新的认识和判断。"②学校应该怎样体现成长性? 文中虽没有具体展开,但可以看出作者寄希望于用生命有机体的意蕴来理解教育,改造教育,强调学校的一切应贴合人的生命成长,应具有生命气息和生命意义。

华南师范大学附属小学李方红于 2014 年在《现代中小学教育》撰文指出:"一所学校,从生态学视野理解就如一个有机

---

① 曲跃厚,王治河. 走向一种后现代教育哲学——怀特海的过程教育哲学[J]. 哲学研究,2004(05):85—91.
② 厉成根. 学校应该是个有机体[N]. 中国教师报,2013 - 04 - 03 (05).

体,有机体的运作既需要内部保持平衡,还需要与外部进行能量、信息的交换,也需要不断新陈代谢。"文章认为,"学校是富有生命的主体,它的发展诉求内部的协同运作,也依赖外部的文化交流。先进的文化理念、优质的资源环境、完善的组织机构、丰富的师生活动,缔造了自由的生命主体,促进了良性的学校建设,这是内部生命力体系。雄厚的外部支持、深度的文化交流、惠济的社会责任是学校存在的外部支持体系"[①]。该文以"基于有机体意蕴的学校发展探析"为题,试图用生态性、系统性、生命性、开放性、生成性、差异性等理念来思考和推进学校发展,为学校变革和发展提供一个有机的视角。随后,该作者又于 2015 年 6 月在《教育探究》上刊文《基于有机体意蕴的"三回环"班刊建设模式探究》[②],旨在用有机体有关原理来丰富班刊内涵,提升班刊价值,创新班刊建设模式。

上海社科院社会学研究所所长杨雄近年来积极倡导有机教育。他于 2014 年 5 月在《解放日报》发表了《有机教育——孩子成长是一个缓慢的过程》一文,于 2015 年 12 月在《中国教育报》又发表了一篇题为"给孩子完整的'有机教育'"的文章,于 2019 年 6 月出版了《有机教育——让孩子幸福的教育》一书。杨雄的有机教育主要是针对家庭教育提出。其核心观

---

① 李方红. 基于有机体意蕴的学校发展探析[J]. 现代中小学教育,2014,30(12):9—12.

② 李方红. 基于有机体意蕴的"三回环"班刊建设模式探究[J]. 教育探究,2015,10(03):60—65.

点是:"教育是农业,不是工业",要顺应儿童的成长规律,给孩子缓慢成长的机会,不能"催熟"孩子。"有机教育的核心不在于给孩子灌输一堆知识,而在于能够支持孩子、帮助孩子,让孩子自然地发展,完整地成长,多元化地发展,准许孩子成为最好的而非完美的自己。"①

莫兰于 2019 年在《光明日报》上撰文指出:"一所好学校,影响着一个乡村或社区的孩子,同时,也在影响着这里社会的气候和生态。""当学校、家庭和社会可以就大家都期望的社会公众行为产生共识、共同遵守、做到'心自由,做有法,行有矩,行同规'的时候,应该是它们开始作为一个有机体、一个生态,有意义地存在和发展的时候。"②作者强调,学校与环境的相互影响,强调营造学校发展良好生态的重要性,这种良好的生态就是学校、家庭和社会相互适应,相互支持,共同配合。

值得一提的是,江苏省溧阳市文化小学于 2019 年,以"服务于儿童自然发展的有机教学"为题申报并立项"常州市前瞻性教学改革研究项目"。他们针对当前课程建设机械化、无人化、零碎化的现实乱象,致力于建构有机课程体系。他们指出,有机课程以"儿童中央、自由成长、互赖互依、共荣共生"为目标指向,以"普遍关怀、普遍联系、普遍交互"为依据,通过对

---

① 杨雄. 给孩子完整的"有机教育"[N]. 中国教育报,2015 - 12 - 04 (06).

② 莫兰. 教育治理不仅是在学校围墙内寻求方案[N]. 光明日报, 2019 - 11 - 19(13).

国家课程、地方课程与校本课程的有机统整,致力于构建大奠基、大渴望、大探索三大相互关联的课程系统,并重视引人最适合儿童的学习方式来促进儿童自主、自由地成长。[①] 他们试图通过构建有机课程体系来促进学生健康发展,强调课程之间的有机联系,强调课程与儿童的适切性,强调儿童的有机生长。

笔者认为,目前,国内比较系统和深入讨论有关学校有机体主题的应该是王治河、樊美筠。他们于 2010 年在《远程教育杂志》上发表题为"走向一种后现代的有机教育"一文。该文在指出现代教育的病象,在分析病象产生的原因基础上提出了有机教育的主张,并对有机教育的内涵进行了较为系统的阐述。该文以"现代教育怎么了"作为第一部分的标题,列举现代教育的一些典型病象。这些病象包括"对分数的病态追求所导致的对学生身心的戕害,对科学的过度崇拜所导致的人文关怀的缺失,过度的专业条块分割所导致的应对急迫、重大现实问题的无力"[②]。这些病象所举事例让人触目惊心却又习以为常。

他们认为,现代教育之所以出现各种问题,是因为现代教育在根底上是一种机械教育,而机械教育所服膺的是一种机

---

① 宗锦莲,黄月忠,蔡雪飞.有机课程的构建与实施[J].上海教育科研,2020(03):71—77.

② 王治河,樊美筠.走向一种后现代的有机教育[J].远程教育杂志,2010,28(04):3—13.

械思维。这种思维受牛顿经典力学的影响,把宇宙万物都看作机器,教育自然也不例外。将这种机械思维运用到现代教育中,学校便成了"知识工厂",而学生则成了批量化出产的没有个性的"标准件"。他们指出:"机械性是现代教育的一个核心特征,现代教育的其他特征,如'应试教育''无根教育''碎化教育'等都跟这一特征有着千丝万缕的联系。"①由此,他们提出了"有机教育"的概念和思想,试图通过实施有机教育来解决现代教育存在的根本问题。

在他们眼里,有机教育是一种有根的、整合的、和谐的、容他的、感恩的、创新的和审美的教育。如果说机械教育是以牛顿的经典力学为科学基础,那么有机教育则以生物学、自组织理论和量子力学为科学依据。可以认为,具有后现代意义的有机教育是对现代教育从思维方式、理论基础到实践特征的一种整体转型。正如他们所言:"从机械教育到有机教育的转变可以看作是人类教育史上的一场重大变革。"②

无疑,王治河、樊美筠的有机教育论为我们分析和改造现代教育提供了一个重要理论视角和实践路径,仿佛让我们在迷茫中看到了一丝新的曙光。正如他们所说:"有机教育虽然与现代工业文明格格不入,却回应了后现代生态文明的呼

---

①② 王治河,樊美筠. 走向一种后现代的有机教育[J]. 远程教育杂志,2010,28(04):3—13.

唤。"①不过,要使这种呼唤变成现实,还有很长的路要走。

上述案例表明,有关学校有机体研究越来越丰富,越来越受到人们的关注,为进一步研究奠定了较好的基础。但总体上看,直接以"有机体"命名,以生命有机体特征和机理作为理论支撑的学校教育研究不多,而且研究大多浮光掠影,浅尝辄止,不够系统,不够深入,尤其是在学校管理和组织变革方面的研究还比较缺乏。也正因为此,开展基于有机体意蕴的学校变革研究显得尤为必要。本研究也将为今后学校教育有机体的系统研究,尤其是在学校变革实践方面的探索提供一定的基础和参考。

## 第四节　本书的行文思路与内容安排

本书分为七章。第一章为引论,这一章首先交代了研究背景,这个背景与个人工作经历及地区教育改革极其相关。其次讨论了生命有机体的主要特征及其对学校变革的意蕴。生命有机体的特征非常丰富,本书仅列出与学校变革紧密相关的五个方面的特征,以及这些特征对教育变革的启示和意义。此处的讨论是本书后续研究的伏笔,所列特征是本书后面几章讨论的主题。再次概述了社会、企业和学校有关有机

---

① 王治河,樊美筠.走向一种后现代的有机教育[J].远程教育杂志,2010,28(04):3—13.

体的研究,旨在为本研究奠定基础,打开思路,提供借鉴。

第二章主题是"学校教育的人本性"。"人本性"是由有机体的"生命性"引出,学校教育中的"生命性"其意蕴主要表现为"人本性"。本章第一节阐述了学校教育中"以人为本"的内涵。书中指出以人为本是指以学生为本、以教师为本,还包括以教育为本。只有以教育为本才能真正做到以人为本。第二节分析了学校教育中工具性表现及其危害。第三节从学校管理取向、发展目标、发展力量的依靠和育人模式四个方面讨论学校变革如何落实以人为本,走出"工具性"和"功利性"。

第三章主题是"学校发展的主动性"。这一章借鉴生命有机体的自组织原理,结合常州区域教育改革实际,讨论如何激发学校变革的内在力量,促进学校主动发展。多年来,常州市教育局一直把学校发展规划作为促进学校主动发展的重要抓手,为此,本章专设一节讨论如何放大学校发展规划的过程价值。本章在一定意义上可以看作是常州市教育局多年来推进学校主动发展战略的一个总结。

第四章主题是"学校发展的协同性"。生命有机体的重要特征是"开放",学校发展需要开放。本章原意是想讨论学校系统如何体现生命系统的开放意蕴。由于学校开放的内涵比较丰富,涉及面比较广,加上校际结盟、集团化办学成为当前教育改革的热点,本章立足教育发展实际,在分析学校开放合作的意义、学校组织封闭性成因的基础上,集中讨论了校际如何协同发展。

第五章主题是"学校变革的整体性"。整体性是生命有机体的重要特性。整体性改革近年来备受重视,面对复杂性挑战,学校变革迫切需要以整体性原理为指导。本章首先阐述了学校整体性变革内涵,意在强调整体性变革不是一般意义上的综合性变革。接着,分析了影响学校整体性变革的突出问题。然后,在前两节基础上,探讨学校整体性变革的策略。与第四章相同的是,本章结合常州地区推进学校发展规划的实际,在最后一节专门探讨了学校发展规划如何体现整体性。

第六章主题是"学校变革的生成性"。从一定程度上,"生成性"也是本书的总主题。本书的中心思想就是减少对学校的控制,释放学校内在活力,促进学校变革和发展的自然生成。"生成"是生命有机体的重要特性,"生命有机体意蕴下的变革"一定是生成性变革。"生成"也是重要的哲学命题。有人认为,"生成性"是马克思哲学的本质。时下,"生成"已成为教学改革的重要哲学思想,也应该成为学校变革的重要指导思想。本章解读了"生成""生成性思维""学校变革中生成性"的内涵,分析了学校变革中控制性的表现和原因,在此基础上讨论了学校变革模式如何从控制走向生成。

第七章是结语部分。本章结合之前各章内容,以"发挥学校变革的'有机'力量"为题对"生命有机体之于学校变革的意蕴"进行总结和提炼并表达笔者的有关感悟。

本书主体部分是第二至第六章。这五章内容相互独立,相互联系,是一个有机整体。

"人本性"是学校变革的根本立场，涉及学校变革的价值性和道德性，决定着学校变革的性质和方向，决定着学校变革"为了谁""依靠谁""我是谁"。学校变革如果不坚持以人为本，就会南辕北辙。

"主动性"涉及学校变革的动力和路径。现实中，教育变革的动力和意图主要来自外部，教育变革的路径主要自上而下。这种变革忽视了学校自组织力量，忽视了学校在教育变革中的主体性，忽视了教育变革中人的精神力量，导致教育发展活力不足，动力缺乏。

"协同性"主要涉及学校变革的外力集聚。过去，学校比较封闭，办学资源、信息来源渠道单一，学校之间的关系主要表现为同质化竞争的关系。协同性强调利用外部力量和多方面力量。与自上而下、自下而上纵向变革方式不同，协同变革的方式更具有"横向"和"扁平"意义，更注重调动和集聚多方面变革资源。

"整体性"是学校变革的重要方法论和价值论。学校是一个复杂巨系统，学校变革的环境日益复杂，变革的任务日益艰巨，面临的挑战日益严峻，学校迫切需要以整体性变革来应对复杂性挑战。整体性是马克思主义哲学的重要特点，具有重要的方法论意义。此外，对于学校教育来说，整体性具有价值论意义。学校教育要面向全体，促进学生全面发展，体现了整体性的价值诉求。因此，整体性是方法论和价值论的有机统一。

生成性是学校变革的路径、特征和样态。学校变革虽然是有目的、有计划的行为，但变革的过程和结果并非完全能预设和控制，学校变革应追求计划性与生成性的有机统一。"变革是一项旅程，而不是一张蓝图……变革好比一次有计划的旅程，和一伙叛变的水手在一只漏水的船上，驶进了没有海图的水域。"①也就是说，学校变革充满着不确定性，具有非线性特征。而这种不确定性、非线性又为变革的生成和创造提供了丰富的可能性。

以上几个特征虽然各有侧重，但相互包含，相互依赖。比如，坚持以人为本，才能激发学校变革的主动性。学校主动发展、协同发展、整体发展又有助于以人为本的落实。学校变革的整体性包含着人本性、主体性、协同性、生成性等特点。学校变革的生成性又是落实人本性、主动性、协同性、整体性变革的一种自然而然的结果。

① ［加］迈克尔·富兰. 变革的力量——透视教育改革［M］. 中央教育科学研究所，加拿大多伦多国际学院，译. 北京：教育科学出版社，2000：35.

# 第二章　从工具到生命：
## 　　　尊重学校教育的人本性

　　教育是直面人的生命、通过人的生命、为了人的生命质量的提高而进行的社会实践活动，是以人为本的社会中最体现生命关怀的一种事业。

——叶澜

教育的"生命性"与"人本性"互为联系。尊重学校教育中的生命性,就要把人当作人,而不是当作"物",当作"机器",就要"以人为本";而只有"以人为本"才能体现和实现教育的"生命性"。"以人为本"的反面是在功利主义的驱使下把人当作工具,是"以物为本"。本章首先讨论教育中"以人为本"的内涵;其次,阐述学校教育中"工具性"的表现并分析其原因;最后,探讨学校教育如何落实以人为本。

## 第一节　学校教育中以人为本的内涵

"以人为本"一般是指抱着以人为根本的取向、态度来看待和处理问题。"'以人为本'是马克思和恩格斯研究哲学基本问题的最终结论,是中国化马克思主义哲学的本质和核心"①,也是科学发展观的核心理念。《国家中长期教育改革和发展规划纲要(2010—2020年)》把"坚持以人为本"作为教育改革发展的指导思想、指导方针和战略主题。学校是一个"以人培养人"的地方,"以人为本"更应该是学校教育的基本价值取向。正如叶澜教授所说:"教育是直面人的生命、通过人的生命、为了人的生命质量的提高而进行的社会实践活动,

---

① 余显礼,王力钢. 以人为本是马克思主义哲学的本质和核心[J]. 重庆邮电大学学报(社会科学版),2008(05):42—47.

是以人为本的社会中最体现生命关怀的一种事业。"①

"以人为本"是一个关系概念。学校教育中的"以人为本"主要涉及这样几对关系,即人与物的关系、人与组织的关系、学生与教师的关系。"以人为本"在不同的关系中具有不同的含义。比如,在人与物、人与组织的关系中,通常情况下,人应该是目的。当然,凡事皆有例外,以什么为本,有时要依据具体的情境。在人与组织关系中,如果涉及个人与集体利益关系时,此时,就不能以个人为本。

学校教育中的"人"主要指学生、教师,学校教育中的以人为本,是指以学生为本,以教师为本。笔者认为,以人为本还应该包括以教育为本,这是就教育与社会、教育与经济等关系而言的。现实中,尽管我们一再强调教育优先发展,但实际上,与其他社会事业相比,教育常常处于附属和次要地位,或者说常常是作为工具和手段的存在,而不是作为目的存在。如果教育只是作为工具和手段而存在,那么,教育优先发展不可能真正落到实处,教育也不可能真正健康地发展,而没有健康的教育,也就不可能实现以人为本。

## 一、以学生为本

学校教育必须以学生为本。首先,学生是学校教育的出

--------

① 叶澜."生命·实践"教育的信条[N].光明日报,2017 - 02 - 21 (13).

发点和落脚点。学校教育因学生而存在，因担当促进学生发展的任务而存在。没有学生就不可能有学校，就不可能有学校教育，以学生为本是学校教育的本质所在。

其次，学生是学校多方利益体的集中代言人。学校教育涉及多方利益主体，只有协调和满足不同利益主体的需求，学校才能生存与发展。在学校教育中，学生的利益诉求不仅代表着自身，同时也承载着家长、社会对学校教育的期待。可以说，学生是连接众多利益的一个纽带，以学生为本，才有可能满足家长、社会等对教育的内在需求。

再次，学生是学校发展成果的最终体现者。学校教育的根本目的在于培养学生，学校的各项工作、各种变革举措都直接或间接指向学生的发展，所以学校发展的最重要成果不是富丽堂皇的建筑和先进高端的教学设备，也不是培养了几个名师，而应该是学生实实在在的发展。

以学生为本，其本质含义是以学生发展为本。学生是发展中的人，促进学生发展是学校存在的根本意义，也是学校教育的根本任务。以学生发展为本，应把握学生发展的内涵。学生的发展是在教育参与下的发展，是教育意义上的发展，这种发展，其内涵至少包括以下几个方面：

（1）全体发展。学校中的学生发展不是少数优秀学生的发展，而是全体学生的发展。学校教育应尊重每一个学生，尽可能为每一个学生提供平等的教育机会和教育资源；尊重每一个学生的个性特点和个性需求，尽可能让每一个学生能适得其所地发展。这是教育改革与发展的本质要求,是以人为本的最好体现。

(2)整全发展。整全发展是相对于单方面发展而言的,在功利主义的影响下,学校和家长往往会过于重视学生考试知识的学习而忽略学生其他方面的发展。人的身心是一个有机整体,学生的发展是成长过程中的发展,是作为一个完整人的发展。学校教育应坚持育人为本,反对"育分为本";坚持"五育并举",反对片面发展。

(3)奠基意义的发展。学校教育不仅关心学生当下的发展,而且要关心学生的未来发展。"发展"是人的一生使命,而学校教育是人的发展的重要阶段,也是奠基阶段。学校教育的重要使命是使学生获得适应未来发展的基本知识、基本能力、基本思想、基本经验以及持续学习的意愿、兴趣和习惯。

(4)潜能开发和个性发展。每个人都有巨大潜能和独特个性,学校教育的重要功能是帮助学生开发潜能,发展个性,尽可能地使学生"是其所应是"和"是其所是"。

(5)自然而然地发展。捷克教育家夸美纽斯说:"只有受过一种合适的教育之后,人才能成为一个人。"教育对人的发展作用巨大。但人的发展是一种内在的趋势,是儿童自己的发展,教育不能代替儿童的发展,甚至不是塑造儿童,只能在顺应和尊重儿童的基础上,引导儿童发展。教育要遵循人的自然规律和内在秩序,不能"拔苗助长"。

总之,以学生发展为本,应该把握学生发展的内涵,否则就会违背人的成长规律和教育规律。

## 二、以教师为本

以人为本,这里的"人"既包括学生,也包括教师。以人为本,也包括以教师为本。以教师为本,主要是相对于学校组织、相对于学校中的各种物质资源而言的。在学校,教师不仅是教育工作的承担者,而且是"最难获得或最难替代的生产要素"①。随着教育改革的推进,教师的作用越来越重要。对于学校来说,没有以教师发展为本,就不能有效落实以学生为本。因为没有教师的发展,就没有学生的发展。另外,以教师为本还有助于在全社会形成尊师重教的氛围,营造良好的教育发展环境。以教师为本,尤其要重视以下几个方面:

（1）确立教师是学校发展第一资源的观念。清华大学原校长梅贻琦在就职典礼上说了中国大学史上最著名的一句话:"所谓大学之大,非有大楼之谓也,乃有大师之谓也。"大学如此,中小学也不例外。教师是教育教学工作的具体承担者,是学校发展的主体,是学校发展的最重要资源。学校的投入应以教师发展为主,而不是以硬件建设为主。以教师为本就应该加大教师培训经费的投入,改善教师工作条件。

（2）尊重教师的基本权利。教师的权利由两部分组成。

---

① 陈瑞生.教师是学校发展的第一资源[J].教育测量与评价（理论版）,2010(07):59.

其一,教师作为公民的权利。教师不能因为身份特殊,就不能享受公民的权利。不能因为以学生为本而牺牲教师的人格尊严。网上曾有一则报道:有位教师因发现有一学生在其背后贴了一张"我是乌龟,我怕谁"的纸条而与学生发生了扭打,结果教育部门因老师体罚学生而将其开除。开除决定做出后,当地很多教师认为这种处罚维护了学生的权益,却忽视了对教师权益的保护。其二,教师的职业权利。这部分权利是教师职业所特有的。根据《教师法》规定,教师有教育教学权、学术研究权、指导评价权、报酬待遇权、参与管理权、进修培训权。如果教师的这些权利得不到保障,以教师为本就会成为空话。

(3)尊重教师的发展权。教师不仅是职业人,也是一个普通人,拥有发展的权利。学校不仅是学生学习和成长的地方,也应该是教师学习和发展的场所,不仅是教师工作的场所,也应该是教师获得生命意义、实现生命价值的场所。以教师为本应尊重教师的发展权,把每一位教师的发展作为学校办学和发展的根本目的,而不仅仅作为手段和工具。

尊重教师的发展权,应注重人文管理,注重发展每一位教师。笔者在与一些校长的接触中,发现在对待教师管理上,学校管理者存在两种对立的态度,即优胜劣汰与扶弱共进。优胜劣汰引入的是竞争机制,扶弱共进引入的是和谐机制。两种态度导致两种管理行为,前者注重经济杠杆的作用,主张拉开收入差距;侧重于骨干教师的培养,重视引进校外的优秀教师(有机会的话,尽可能剔除校内薄弱教师)。后者注重和谐管理,侧重于对薄弱教师的帮助和培养,重视校内共同体的建设。

两种态度可能导致不同的后果。前者强调效率优先,学校竞争氛围浓厚,教师十分重视自身教学业绩,在一定的时期内能促进学校整体教学水平快速提升。但这种态度可能导致人际关系紧张,甚至会使教师为在竞争中取胜而不择手段。后者,强调公平为上,学校人际关系和谐,有助于形成合作文化,发挥教师团队的力量。不可排除,在这种环境下,在一定的时期内,有的教师个体也许不够努力,或者进步不够明显。但教师总体上会感觉心理安全和自由,有利于发挥职业创造性。

当然,教师发展不是不要竞争。竞争,作为一种手段,要看如何使用。常州市北环中学提出合作式竞争,即团队内合作,团队间竞争,把个体之间的竞争的压力转移到团队。这种竞争不仅比较人性化,而且能促进成员之间合作,使竞争成为合作的手段。该校还提出"不让一个教师掉队"的管理理念,这种理念又为竞争确立了良好的价值导向,使得竞争变得良性而有序。

## 三、以教育为本

"教育"虽然不是人,但教育是育人的事业,只有落实以教育为本,才能落实以人为本。也就是说,"以人为本"与"以教育为本"具有内在的统一性。

以教育为本,强调的是把教育当作经济和社会发展的目的而不是手段,切实把教育放在优先发展的地位。实际上,在很多情况下,我们在谈到教育的重要性时,重视的往往是其工具价值,如强调教育对科技、经济、文化等方面的促进作用,强调教育的外部功能,而忽视教育的本体价值、生命价值。不可否认,教育具有巨大的外部功能,但这些外部功能是通过培养人来实现的,"教育通过对人的培养服务于社会,社会与教育的关系当以人的培养为中介"①。教育最本质的功能是促进人的全面发展、和谐发展,是提高人的生命质量和生命意义。此外,现代社会,教育已成为最大的民生问题,接受公平而有质量的教育,越来越成为每个人的基本权益。因此,在处理教育与社会关系上应突出教育本身就是目的。

杜威曾经说过:"教育的过程,在它自身以外没有目的;它就是它自己的目的。教育这个抽象名词并没有目的。"②笔者认为,其实,杜威并非反对教育有目的,只是强调要重视教育的内在目的,强调教育的外在功能是通过教育内在目的来实现。

华东师范大学叶澜和李政涛教授提出"教育尺度"这一概念,在一定意义上就是强调教育的内在和本体价值,强调教育就是目的本身。诚如李政涛所说:"'能否促进并实现人的生

---

① 冯建军.教育:为了生命的事业[J].教师之友,2004(05):47—53.
② [美]杜威.民主主义与教育[M].王承绪,译.北京:人民教育出版社,1990:54.

命成长和发展'，成为'教育尺度'衡量世间万事万物的基本参照系和标准……经济尺度考虑的是人的生命如何为经济效益的'最大化'服务，所以，才有所谓'人力资本理论'，这是用'资本'的眼光来看待人力的培养和运用的产物，'经济利益'是其中的参照系，在此参照系的观照下，最好的人力资源是能够实现资本最大化的人力资源。与之相比，教育尺度下的人的生命，不是手段而是目的，一切资源和活动都指向人的生命成长。"①

　　不可否认，教育有着巨大的经济和社会功能，教育的发展也离不开经济和社会发展的支撑，但教育首先应该有自己的立场。"当把教育只作为经济增长的工具和把教育当作经济系统一样经营时，教育的其他社会和心智启发功能就容易被忽视。"②

　　在学校内部，以教育为本，就是强调遵循教育规律，坚守教育立场，把教育当作教育来办。如果说，"以人为本"涉及"为了谁""依靠谁"的话，那么对学校来说，"以教育为本"涉及"我是谁"。学校只有不忘"我是谁"，只有把教育当作教育来办，学校的发展才是本真发展，才是为了人的发展，才有可能在根本意义上实现人的发展。

---

　　①　李政涛.中国社会发展的"教育尺度"与教育基础[J].教育研究，2012,33(03):4—11＋34.

　　②　[美]雷蒙德·卡拉汉.教育与效率崇拜:影响公立学校管理的社会影响因素研究[M].马焕灵,译.北京:教育科学出版社,2011.

## 第二节　学校教育中的工具性表现及其危害

学校教育本应该以人为本,以教育为本,而实际上,在各种因素的影响下,学校教育盛行着"工具主义"。

### 一、把学生当作工具

学生是教育的主体,促进学生全面而有个性地发展是学校教育的根本旨归,而事实上,有时学生并没有被当作目的,而是被当作工具。

其一,把学生当作实现其他价值的工具。在应试教育环境下,学校、教师乃至家长往往把学生当作升学考试的工具,当作学校之间、教师之间、家庭之间竞争的工具。于是,只关心学生考试成绩,把"育人"变成了"育分",甚至为提高学生考试成绩,不惜给学生施加过重的学习负担。在这种价值取向下,学校即便开展一些文体活动,或者是为了使学生有更多的精力和效率去提高应试成绩,或者是出于装点门面,迎合外在评价考核的需要,而不是真正为了学生的健康发展;教师即便非常努力地从事教学,也只是为了自己的教学业绩,为了个人的名利;家长即便关心学生的学习,也只是为了实现其个人目标,完成其个人愿望,而并非出于对孩子一生幸福的终极关怀。

关于这种工具取向,王建军有过精辟的表述。他认为,近十年来,基础教育界最大的毒瘤之一的"表现目标导向"的张扬,最好地体现出学校的教育决策不以学生的发展为第一意旨,反以博得更多的社会政治资本或经济资源为首要追求。教师参与"教学比赛""校际观摩""听—说—评课"或教育科研,也不是以改进自己的实践、追求学生的发展为第一考虑,反以争取他人好评、完成上级任务、获得更多资本为主旨。校长、教师为达成其"表现"目的,有时候甚至甘愿以牺牲学生的利益为代价。① 总之,这种"表现目标导向"就是把学生当成了"表现"工具。

其二,把学生当作工具来培养。如果把学生当作工具,其教育内容、培养方式必然体现工具性。这种工具性在教育内容上表现为过于注重知识教育和技能培养。典型表现为,以学生将来获得较高经济和社会地位、物质生活富足为教育的重点追求,从而过于重视知识教育和就业竞争能力的培养。国家原督学傅国亮曾经说道:"如果我们只是关注怎样把学生需要学习的知识教给他,那么我们还只是把学生当作一个工具来培养而不是当作一个人来培养。如果我们的教育思想再先进一点,开始关注他的能力,我们也只是在把学生当作工具即先进工具培养,也不是当作人在培养。"② 在他看来,教育只

---

① 王建军."新基础教育"研究中的教师发展[M]//叶澜."新基础教育"发展性研究报告集.北京:中国轻工业出版社,2004:258.

② 傅国亮:我们不能把学生当高级工具培养[N].中国青年报,2017-01-23(11).

有以学生精神成长为根本目的，才是真正的教育。否则，就扭曲了教育的生命本性。可怕的是，如果把学生当作工具来培养，教育就会制造出钱理群所说的"精致的利己主义者"。因为，"当功利性追求成为教育的最主要乃至唯一追求之后，闲暇、健康的生活将不复存在，世界所具有的至善将化为灰烬"①。

现实中，这种工具主义可谓极其盛行。中央教科所一项问卷调查结果表明：家长最关心孩子的求知（85.95%），求知在孩子的各类素质中排到了首位，而孩子的实践（40.86%）、创新（39.24%）、审美（36.80%）等素质却被忽视，排在最后。共青团云南省委、云南省少工委对该省 129 个县市区的未成年人的家长进行的调查也表明，父母最关心孩子是否学到了知识，他们评价孩子的首要标准是学习成绩。②

如果教育目的仅仅是升学、应试，其教育方式必然以机械灌输为主。这样一来，"教育过程异化为教学过程，教学过程异化为考试，考试异化为排名，如此层层递进，使得'刷题'和'记忆'成为主要的学习方式"③。笔者还注意到，时下，所谓"有效教学""高效教学"改革，很多是以提高应试成绩为根本

---

① ［英］罗素. 教育与美好生活［M］. 杨汉麟，译. 石家庄：河北人民出版社，1999：9.

② 王治河，樊美筠. 走向一种后现代的有机教育［J］. 远程教育，2010，28（04）：3—13.

③ 崔保师，邓友超，万作芳，等. 扭转教育功利化倾向［J］. 教育研究，2020，41（08）：4—17.

价值取向。学生知识的获取本应该主要通过探究、归纳等方式来进行,而在应试教育取向下,本来应该充满发现之趣的教学过程被简化为从已知到未知的演绎过程。

演绎法是从一般到个别,从已知到未知的推理方法,即用已知的一般原理考察、推演出个别或特殊对象的结论的方法。比如,教师上课前往往会告诉学生本节课学习任务是什么,学习重点有哪些,哪些知识只需理解,哪些知识需要记忆。教师这样做,是想让学生带着明确的目的和任务来上课,把学生的注意力集中在识记目标和考试要求上。又如,有的教师课前来一个小测试,这些测试有时会用大数据来进行,测试的目的是让学生知道有哪些问题不懂,然后让学生带着问题看书,找答案。类似的教学方式往往还冠以"以学定教"之美名而备受推崇,甚至成为公开课的一种追捧。

其实,这种演绎的教学方式让本来充满神秘、生动活泼的探究和发现之旅变成了在教师控制下的一种识记过程。这种教学可能有助于学生获得高分,但可能磨灭了学生的创造性;可能提升书本知识的传输效率,但学生获得的是一堆僵死的知识。时下,我们特别需要警醒的是:"学校变革的目的不是成为高效的'应试教育'基地,更不是成为变革者各谋其利的交易市场。"①

---

① 王东,马和民.公民教育与学校变革[J].当代教育与文化,2016,8(01):26—30.

## 二、把教师当作工具

教师是学校改革和发展的重要主体,教师是具有主体性和目的性的人。现实中,教师常常被当作工具,当作学生升学和学校发展的工具,忽视了教师作为"人"、作为生命体的多方面需求。把教师当作工具主要体现在以下几个方面。

其一,教师常常被当作"问题人",而忽视教师是"成长中的生命",是发展中的人,有不断超越自我的需求和追求发展的权利。曾有这样一所学校,为了提高教学成绩,对教师考核采用"末位淘汰制",即如果哪位教师所教班级学生考试成绩在平行班排倒数第一,就被淘汰。这样做的结果,造成人际关系紧张,人人自危,就连一向被看好的优秀教师也接连跳槽,最后,这项改革以失败而告终。

眼下,有些教育行政部门和学校热衷于把教师等级化、标签化,如有的学校把教学能力相对强的教师称作"把关"教师,让他们专门教毕业班,而其他教师长期得不到重用,长期没有机会教毕业班。有的学校分快慢班,快班永远被所谓的优秀教师把持,落后的教师永远只能教差班。落后的教师因为教差班,更难有获得各种荣誉的机会,也自然更难有机会发展,造成恶性循环。这些做法忽视了教师的发展权利和需求。

其二,教师被当作"操作人",只是外在指令的执行者,忽视教师是一个具有思想和专业知识的独立人和专业人。"虽然我国《教育法》《教师法》对现阶段教师的权利作了较为详细的规定……但在我国的中小学的管理实践中,教师的专业自主权并未真正下放。表面上教师似乎也参与学校的决策,或享有一些个人的选择权,但实质上还是听命于教育行政机关,听命于学校领导。表现在对课程编制无参与权,对教学安排无选择权,对教学决策无知情权,对学生学业成绩的评价无决定权等诸多方面。"①教育本是专业性很强的工作,需要教师有足够的专业知识、专业素养,需要教师知晓和遵守教育规律。没有教师对教育理想自由自觉的追求、对教育规律自由自觉的探究,学生就很难获得高质量发展。教师如果被当作"操作人",则很难按照专业要求从事教育,很难发挥教师的主动性和创造性,其教育行为必然异化。

教师作为生命的存在,他们的行为,应该"不是因为有人叫他去做什么,不是说服他去做什么,而是因为他的任务的客观需要要求他这样做。他做事情不是因为有人要他做,而是因为他自己决定他必须做——换句话说,他作为一个自由的人而做事"②。也就是说,把教师当作操作人,既扼杀了教师的聪明才智,又在一定程度上否定了教师的人格尊严。

其三,教师被当作"经济人",认为教师的工作动力就是追求经济利益,经济奖励就能解决教师的一切问题,忽视了对教

---

① 姚静.论教师专业自主权的缺失与回归[J].课程·教材·教法,2005(06):70—74.

② 〔德〕彼得·F.德鲁克.管理实践[M].帅鹏,等,译.北京:工人出版社,1989:163,174.

师个体内在需求和精神需求的关注，于是在管理上就会对教师简单粗暴。时下，政府和教育行政部门越来越重视对优秀教师的奖励。每年教师节，都会通过对优秀教师奖励来体现政府和社会对教师的关心和对教育的重视，以至于有人说："教师节已经变成优秀教师的教师节。"

这种"经济人"假设的管理是以金钱为主的机械的管理模式，否认了人的自觉性、主动性和责任心。这种假设是基于行为心理学的，正如管理学家欧文斯所说："20世纪中，组织行为学中对人类动机的思考为两种主要的方法所支配。一种被描述为伟大而愚蠢的谬误。这是关于胡萝卜和大棒的古老比喻。这个规则要求在组织生活中通过提供奖励和惩罚的方法来激励人们。它与行为心理学相关，强调对个人进行外部控制……另一种方法则与认知心理学和人本心理学相关，动机主要强调内在的想法和感情的精神力量。"①经济奖励在激励一部分人的同时，往往也会打击大部分人的积极性，让大多数普通教师产生挫败感，而且还会在教育领域助长浮躁、功利的风气，玷污了本应圣洁的教育土壤。

写到这里，笔者想到《道德经》里的一段话："不尚贤，使民不争；不贵难得之货，使民不为盗；不见可欲，使民心不乱。""我无为，而民自化；我好静，而民自正。"初看起来，这些话似

---

① ［美］欧文斯. 教育组织行为学［M］. 窦卫霖，等，译. 上海：华东师范大学出版社，2001：436—437.

乎有些消极,但又似乎不无道理。我们常常抱怨世风日下,痛斥社会拜金主义,可是,我们各地教育管理部门往往不自觉地在迎合这种不良风气。

总之,教师一旦被当作工具,不仅会有害教师的合法权益,还会阻碍教师自主性和创造性的发挥,同时也不利于学生发展。因为,如果教师被当作工具,那么学生就有可能成为工具的工具。

## 三、把教育当作工具

学校教育是培养人的神圣事业,是与民生密切相关的公益事业,有其内在的独特价值,但在现实中,学校教育的外在价值和外部功能往往被过度强化。例如,当前一些地方政府常常把教育当作经济发展的工具,热衷于引进贴有名校标签的民办教育,把其作为招商引资,作为发展房地产的一个载体,而不顾这些学校会对当地教育生态和教育均衡可能会产生的破坏作用。政府也会把学校当成凸显政绩的工具,当作展示城市面子的窗口,于是,会花大力气建设窗口学校、精英学校,把"点上开花"当作"面上结果",导致有限的财力和资源分配极不均衡,造成校际教育发展水平差异过大。这也是引发择校热和学生升学压力加大的重要原因。

如果把教育当作工具,即便加大教育投入力度,其目的并非为了教育本身,这种投入在决策不当的情况下,容易打破教育正常生态,有碍教育的健康发展。

把教育当工具,还有一个重要问题。受机械思维和简单思维的影响,学校被认为只是教育政策的执行者、操作者,忽视学校是办学和教育实施的主体,忽视学校在改革发展中的内生动力和草根智慧,使得教育发展缺乏内在活力。

## 第三节　学校教育中以人为本的落实

以人为本涉及多维关系,其内涵非常丰富。如何落实以人为本? 这是一个宏大课题。本节主要从学校管理的价值取向、学校发展的目标取向、学校发展力量的依靠以及学校育人的方式等几方面来探讨。

### 一、在管理取向上,扬弃本位思维

学校管理究竟是"为了谁?""为了什么?",这直接影响到"以人为本"的落实。要落实"以人为本",学校管理必须扬弃本位思维。[①]

这里的"本位",主要是指管理本位、管理者本位。传统的学校管理体制主要是科层体制,这种自上而下的层级化体制加上学校规模比较庞大,在管理上容易形成管理本位和管理者本位的思维习惯。进一步说,学校在日常管理中往往为了

---

① 鲁兴树.学校治理要确立五种思维方式[J].上海教育科研,2020(08):27—31.

管理方便而采用简单、划一的措施，却忽视具体管理对象的实际情况和具体需求。比如，一律不允许学生留级和跳级；学校每节课都是 40 分钟或者是 45 分钟；所有的学生都要同一时间到校，同一时间离校；课间因为个别学生打闹发生安全事件而限制所有学生自由活动；同年级所有学生学习同样的课程，完成同样的作业；等等。类似这些刚性制度的制定很大程度上都是从方便管理者管理、形成可控秩序出发，而不是从学生发展的真实需要出发。比如，有人为了留级，去医院开长病假证明。据说，由此还滋生了一种中介业务，即有人专门为获利而帮开假证明。

坚持"以人为本"，学校管理必须以生命为指向，而不是以"物"，以获得某种称号为指向；以服务人为指向，而不是以形成管理秩序为指向。为此，必须扬弃本位思维，真正确立儿童立场。

常州市第二实验小学校长叶伟峰跟笔者说了这样一则小故事。


一次在校园巡视时，有位学生向他反映："校长，我们最喜欢的'挖沙池'被封了，我们再也不能玩了？"为什么不让学生玩沙呢？学校管理人员给校长的解释是：一方面，学生玩沙不小心，弄得到处是沙子，不利于校园环境卫生。另一方面，玩沙的学生常常听到上课铃声才肯罢手，由于要赶着回教室上课就顾不上洗手，这样容易感染疾病。还有少数顽皮的学生扬沙时，有可能不小心撒进别人的眼睛里，存在一定安全隐患。

那么，到底让不让学生玩沙？校长把问题抛给了学生，让学生干部去调研、讨论，并拿出解决方案。

几天后的行政例会上，学生干部不仅带来了喜欢玩沙同学的心声，还针对安全隐患问题提出两条建议：一是增加"挖沙池"区域学生志愿管理员，负责提醒督促低年级同学文明玩沙；二是建立警告机制，对有玩沙不洗手或扬沙行为的同学进行警告，警告三次无效的取消本学期玩沙资格。

上述案例表明，如果从管理本位出发，对学生玩沙只会一禁了之。这样做，既方便了管理，又避免了安全隐患，但会损害学生的利益。值得称道的是，该校最终并没有这样做，而是从儿童立场出发，引导学生自主解决这一问题。此举，既满足了学生的玩沙需求，又为学生参与学校治理提供了机会，在此过程中还培养了学生自主管理和解决实际问题的能力。

扬弃本位思维，要确立"管理就是服务"的理念。学校管理要以服务为重要导向，把服务学生发展、服务教师教学和教育科研、服务家长需求作为管理变革的重要出发点和落脚点。江苏省溧阳中学提出管理就是服务的理念，他们从细节入手尽可能为师生及家长提供周到贴心的服务。如举办教工子女托管班，解决教工子女因放学较早而无人看管的难题；建设环境幽雅的书吧,为教师繁忙工作之余提供休息交流的好去处;改造和建设羽毛球、乒乓球、篮球和瑜伽场馆,为师生锻炼身体和丰富生活创造条件;等等。这些服务举措,不仅使师生得到了实惠,也增强了学校发展的凝聚力。

## 二、在变革目标上,扬弃工具思维

"变革目标是变革的出发点和归宿,决定着变革行为的走向和价值,是变革过程的关键要素。"①学校是育人场所,学校的功能是育人,因此,学校是否发展? 学校发展得怎样? 应该以人的发展情况作为衡量指标和判断依据。为此,学校的变革应该坚持以促进人的发展为根本目标,努力实现人在教育意义上的发展。

### (一) 指向学生发展需求

学校要在研究学生发展需求的基础上,结合本地和学校的实际,来确定学校变革和管理目标。教育行政部门要变革学校考评的内容和方式,避免以学校物质条件、升学率、非学区学生的择校率、重点课题的数量和等级、优秀教师的比例、学校获得的各种奖项、新闻报道数量和上级领导的批示等量化和外在指标作为评价学校的根本标准。因为类似评价容易导致"见物不见人",导致因为追求外在指标而忽视学生的真

---

① 靳涌韬,衣庆泳.学校变革有效性观察框架的构建[J].教育科学,2013(4).

正发展。

学校要避免以品牌创建、特色打造作为发展的直接目的。笔者认为,学校品牌和特色,最好是学校在追求学生真实发展的过程中自然形成的"副产品"。品牌创建只能作为手段,作为促进学生发展和提高学校办学品质的手段,这样才能保证我们的办学目标不会异化,才能保证我们不会在追求品牌的过程中忘记了教育的真正属性。[①] 为此,学校要立足学生和学校实际创建品牌和特色,同时,要正确认识学校品牌和特色的内涵与功能。学校品牌和特色只有惠及大多数学生,并能促进学生真实发展,带动学校整体发展才具有真实意义。

### (二) 追求全体发展

"面向全体"是素质教育的根本要义,是学校教育的根本道德要求,是人类文明进步的体现,也是教育发展的灵魂。"面向全体"实质上就是坚持教育公平,就是公平公正地对待所有学生。学校应公平配置教育资源,尽可能使优质教育资源惠及所有班级、所有学生。要遵循"弱势补偿"原则,积极建立补偿教育机制,将优质教育资源向弱势学生倾斜,为弱势学生提供更大帮助,努力做到"不让一个学生掉队"。教师在教育教学和管理过程中应该公平公正地对待所有学生,不因成绩和家庭背景好坏而区别对待学生。

---

① 鲁兴树.理性对待学校品牌追求[N].中国教育报,2008 - 04 - 29
(6).

面向全体,应尊重学生个性差异。一要正确认识差异。人的差异客观存在,这种差异有的是先天遗传的,有的是后天环境造成的。人的差异又有多种表现,有类别差异、快慢差异。我们不应该抱怨差异,而应该包容、接纳差异。二要主动了解差异。不同的人有不同的特点。加德纳的"多元智能理论"告诉我们,人有多种智力,每个人的智力组合方式不同。教师应尽可能了解学生的个性特点,了解学生的天赋和不足,了解差异形成的原因。三要积极利用差异。面对学生的差异,教学内容、方式和评价应该多样化,尽可能做到因材施教。同时要把差异作为教育资源,促进学生互帮互学,取长补短,并以此培养学生合作能力和助人为乐的道德品格。

### (三)追求人的整全发展

人的发展是一个系统的、组织化过程。生命是一个整体,生命意义上的发展应该是整全发展。古往今来,很多哲学家、政治家和教育家都十分重视人的整全发展。例如,在古代,我国的孔子提倡六艺教育,希腊雅典教育注重通过体育、智育、审美教育、军事教育等培养健全的人。文艺复兴时期的人文主义教育家维多利诺、拉伯雷、蒙田等人提出培养身心与个性全面发展的人。18—19 世纪,马克思提出人的全面而自由发展理论,洪堡提出培养"完人",日本教育家小原国芳提出"全人教育论"。20 世纪 60 年代后,全人教育思潮代表人物隆·米勒等人认为,应培育包括身体、情感、智力、社会性、审美、精神等六个方面和谐发展的"整全儿童"。我国的教育方针提出

"培养德智体美劳全面发展的社会主义建设者和接班人",充分体现对人的整全发展的要求。

人的整全发展有多个维度。就教育内容而言,指德智体美劳等全面发展;就素质结构而言,指知识、智慧、情感、态度、价值观的多方面发展;就身心关系而言,指身体和心理和谐发展。总之,整全发展就是人作为整体的发展,是多方面的和谐发展。

为实现人的整全发展,要切实贯彻习近平在全国教育大会上的讲话精神,切实"扭转不科学的教育评价导向,坚决克服唯分数、唯升学、唯文凭、唯论文、唯帽子的顽瘴痼疾,从根本上解决教育评价指挥棒问题"。只有解决教育评价指挥棒问题,才能有效克服应试教育倾向,有效解决学生负担过重这个久治不愈的教育之弊,才能为学生的整全发展提供良好的环境。

为实现人的整全发展,必须大力推进教育均衡。现实中人们普遍把升学压力归咎于高考,其实学生只有到高中阶段才直接面对高考,而现实中,初中、小学甚至幼儿园学生都面临着激烈的升学竞争。试想,如果基础教育能均衡发展,人们不再为读热点小学、热点初中和重点高中而焦虑,那么升学压力就不会前移。

为实现人的整全发展,必须重视"五育并举"。就学校内部而言,必须开齐开足课程,克服只重视考试学科和考试内容教学的现象,为学生发展提供多方面滋养;必须重视全员育人、全程育人和融合育人,把德育有机贯穿于教育教学的全过程;必须开展丰富多彩的社会活动和文体活动,满足学生的兴趣爱好,增强学生之间的交往,培养学生的社会品格和合作能力;必须建立开放包容的学校文化,尊重学生的个性差异,引导和鼓励学生个性发展。

(四) 呵护和开发儿童发展的可能性

学校教育中的"人"主要指儿童[①]。儿童处于人的发展黄金时期和关键时期,有着丰富的发展可能性。教育最重要的作用不是规范儿童,更不是扼杀儿童,而是解放儿童,是呵护和开发儿童的可能性。"可能性"主要指发展潜能,每个儿童都有巨大的发展潜能;"可能性"也是学生的个性发展趋向,每个儿童都有自己独特的个性。如何开发儿童的可能性? 成尚荣先生认为,第一,要发现儿童不同的可能性,并且从多种可能性中寻找最大的和最适合"这一个"儿童发展的可能性。第二,要依据儿童的可能性为他创造更大的可能性。第三,防止不良可能性的发生。[②] 为此,学校应在研究儿童、了解儿童的基础上开展丰富多样的兴趣活动,为儿童发现和展示自己的天赋和特长提供各种机会;应开设多样的可供选择的课程,助推学生天赋和特长的发展。同时,要帮助儿童抵御不良可能

---

① 根据《联合国儿童权利公约》,这里的儿童,泛指年龄不大于 18 岁的人。

② 成尚荣. 教育:走向儿童可能性的开发[J]. 江苏教育,2007(03):24—26.

性的发生,尤其要重视现代社会的虚拟化、娱乐化、物欲化对儿童成长的不利影响。

为打开学校发展的可能性,要变革学校评价,用多种尺度和方式评价学生,引导和鼓励学生根据自身特点选择发展道路,使其适得其所地发展。在教育中,我们常常会听到"多一把尺子就多一批好学生"的说法。这句话隐含的假设是,人本身各有不同,社会对人才的需求也多种多样,如果用一把尺子来衡量所有学生,就会忽视个体间的差异,就会抹杀学生的个性,罔顾社会对人才的实际需求。笔者在一所初中校庆典礼上听到一位校友在发言时说了这样一句话:"感谢班主任当初允许我可以不像其他同学一样,每天晚上必须做两个小时文化课作业,否则,我就没有时间练歌,没有时间练歌,我就不可能有今天的成就。"这位校友现在已经是一位颇有名气的歌星。可以想象,如果当初教师没有发现和呵护她这一兴趣特长,她就不可能走上音乐这条道路,也就不可能成为歌星。

说到此,笔者想起一则曾经在网上盛传一时的 TED 演讲,题目是"学校扼杀了我们的创造力"。演讲中提到一位名叫 Gillian Lynn 的女士。这位女士在上小学时,老师给她家长写信说她患有学习障碍症,无法集中注意力。于是,她妈妈带她去看医生。可医生通过现场观察对她妈妈说,Gillian 没病,她是个舞蹈天才,建议她去上舞蹈学校。Gillian 的妈妈听从了医生的建议。后来 Gillian 考入英国皇家芭蕾舞学校,毕业后成为世界著名的舞蹈家、舞蹈编剧家。试想,如果不是那位医生"慧眼识珠"，她就被当作多动症来治疗。这充分说明，研究儿童，呵护和开发儿童发展的可能性是多么的重要！

（五）促进人的可持续发展

哲学家萨特有句名言："人的存在先于本质。"人不同于动物，动物是"本质先定"，而人的一生都处在不断成为人的过程，人的发展没有终点。学校教育是人的发展奠基阶段，在这个阶段不仅要促进学生当下发展，还要为学生终身发展打下坚实的基础。

一是打下知识基础。随着科技和信息技术的发展，人类的知识量在爆炸性增长。知识是人类文明的载体和智慧的结晶，人的发展离不开知识。知识固然重要，但不是所有知识都有很大发展价值。着眼于未来发展，学校应注重帮助学生形成合理的、有助于广泛前移的知识结构。因为良好的知识结构能为学生未来进一步获取知识，发展智慧，养成品格奠定坚实的基础。学校要注重将传统的经典知识与前沿科学有机结合。经典知识是智慧的结晶，是经过长期实践检验的规律，前沿科学反映了人类最新的认识成果，两者有机结合有助于学生形成良好的知识结构。

二是打下动力基础。学生未来发展不仅需要知识基础，还需要动力基础。这种动力基础可以借用华东师范大学叶澜教授提出的"生命自觉"来概括。叶澜教授指出："生命自觉是人的精神世界能量可达到的一种高级水平。它不仅使人在与外部世界沟通、实践中具有主动性，而且对自我的发展具有主

动性。"①生命自觉是一种生命的觉醒、发展的觉醒,有了生命
自觉就会不断反省自我,反省生命的意义,就会增强自我发展
的责任感,就会不断追求自我的实现。这种生命自觉无疑是
人的持续发展的不竭动力。

三是打下能力基础。能力是人的综合素质在实践活动中
表现出来的本领。"知识变成能力才有用"。在知识经济时
代,能力是支配人发展的主导力量。相比较而言,我国基础教
育在培养学生未来能力方面比较薄弱。2017 年,一丹奖
(Yidan Prize)基金委员会发布了"全球教育未来指数"排名。
一共 35 个国家和地区参评,新西兰名列第一,中国大陆则排
在了第三十一位。② 报告指出,东亚地区的教育虽然可以使
学生有很好的知识储备,但是其教育系统主要关注学生的学
习成绩,没有重视培养学生面向未来的能力。

经济学人智库(Economist Intelligence Unit)把"跨学科
能力、创造和分析能力、创业能力、领导能力、数字和技术技
能"作为"全球教育未来指数",认为这些是学生为未来准备的
六项能力。这些能力主要从适应未来社会发展的角度提出
的。此外,为促进人的可持续发展,还要注重培养学生的自主

---

① 叶澜. 教天地人事,育生命自觉[R]. 华东师范大学讲座报告,2006 -
11 - 08.

② 搜狐网. 了解"面向未来的教育"看这一篇就够了! [EB/OL].
(2018 - 10 - 29)[2020 - 12 - 22]. https://www.sohu.com/a/272047585_
303054.

学习能力、探索发现能力、合作交往能力以及反思调控能力等。学校教育应该从过于注重知识储备教育转向重点培养学生可持续发展以及适应未来社会的能力。

### 三、在发展力量上，扬弃精英思维

所谓精英思维，在此处并非指精英人士的思维，而是指在发展力量的依靠上过于重视少数精英的作用。我们时常听到这样一句话："一个好校长就是一所好学校。"这句话在强调校长岗位重要性的同时，也隐含着权威治校、人治管校的精英思维。不可否认，校长在学校发展中确实起着至关重要的作用，但是一所学校的发展取决于很多因素，如需要好的制度和机制，需要每一位教师的积极努力，需要调动方方面面的社会力量等。在信息化、网络化和全球化社会，学校的发展面临的环境更加复杂，挑战更加严峻，校长的个人力量越来越显得薄弱。如果说，过去，一所学校就如传统的绿皮车，其动力主要来自"火车头"；那么，现代学校，就应该像"高铁"，不仅需要动力强劲的"火车头"，还需要每节车厢能自主提供动力。现代学校不仅要提升校长个人领导力，还要培育和提升每一位教师乃至学生的领导力。

精英思维除了片面强调行政领导作用外，还表现在过于重视名教师的作用。眼下，教师的各种评优评先和各种培养、培训举措可谓琳琅满目，举不胜举。各地对名优教师奖励的力度也在不断加大。据澎湃新闻报道，某地在庆祝第三十三个教师节前夕重磅推出对优秀教师奖励办法。该"办法"规定,每年对省人民教育家培养对象奖励 20 万元、对省特级教师和省教学名师奖励 10 万元。① 而据了解,该地教师平均年工资只有 5 万元左右。

笔者并不否认名教师的作用,但应该看到这种"短平快""贴标签式"的名师培养,并不能真正有效提高教师素质,反而忽视了教师整体的发展。同时,这种评优评先,在肯定一小部分人价值的同时,也否定了大多数人的作用,甚至会打击大多数人的积极性。更为严重的是,频繁的评优评先会助长教育浮躁的风气和功利化倾向。正如上海市建平中学原校长程红兵所说:"可以肯定的是这些评先、评聘的初衷是好的,也起过一定的作用。但是这种评先最大的问题就在于把教师引向教育以外的东西,引向功利的目标。外在的功利目标会破坏教育内在的价值目的,从而走向背离初衷,走向南辕北辙。可怕的是我们至今还有很多人视而不见,充耳不闻,或者根本就是浑然不觉!"②

精英思维在一定程度上是传统的中心化、垂直型和控制性的管理模式在思维方式上的反映。这种思维方式还催生了

---

① 搜狐网. 江苏盐城重奖高层次教育人才,53 位教师共获奖金 580 万元[EB/OL]. (2017 - 09 - 10)[2020 - 12 - 22]. https://www.sohu.com/a/191045311_260616.

② 搜狐网. 程红兵:当功利主义走到极点,我们究竟应该成为怎样的教师?[EB/OL]. (2018 - 01 - 02)[2021 - 01 - 04]. https://www.sohu.com/a/214110712_385655.

一种庸俗化、简单化的政绩观。如当下很流行把评审、培养和引进了多少人才作为政绩，把精英人才比例和数量等同于一个单位或者部门的发展水平。一位校长曾坦言，之所以要引进名师，并不是看他有什么真才实学，而是看中他的称号，因为有这个称号会提升学校的影响力。由此，在行政部门介入和刻意打造下，名师的价值日益被符号化。

把学校当作生命有机体，就应该确立大众思维，充分相信人的自组织力量，注重调动每一个人的积极性和主动性。如果说，精英思维强调发挥权威的力量、上层的力量；那么，大众思维则强调发挥"多"的力量、底部的力量。

为发挥"多"的力量、底部的力量，学校管理应通过变革学校组织实现"重心下移"。当前，一些学校力求打破单一的科层管理体制，积极探索赋权式管理。常州市第二实验小学在此方面做了积极探索。他们推行专业赋权。如通过赋予相应的职责和权限，并采取公开竞选的方式让年级组长成为"小校长"，教研组长成为"学科专家"，缩小了管理半径，强化了专业治理。推行项目赋权，学校结合工作需要，先后成立了校刊创编组、环境建设组、骨干教师常规调研组、展板策划组、校庆筹备组等非行政组织。通过这些组织让广大教师参与学校管理，而学校领导有时则会成为某个项目的普通成员，配合负责人开展工作。这种赋权式管理，秉持了大众思维和治理理念，调动了广大教师参与学校管理的主动性和积极性，放大了学校领导力。

## 四、在育人方式上,营造良好生境

生境本是生物学概念,又称栖息地,是指生物的个体、种群或群落生活的地域环境。美国作家梭罗在《种子的信仰》一书中写道:"如果你在地里挖一方池塘,很快就会有水鸟、两栖动物及各种鱼类,还有常见的水生植物,如百合等。你一旦挖好池塘,自然就开始往里面填东西。尽管你也许没有看见种子是如何、何时落到那里的,自然看着它呢……这样种子开始到来了。"

在这里,池塘好比学校,好比学生成长的生境,一所好的学校就是学生成长的"一方池塘",就是学生赖以成长的水、空气、阳光以及其他养料。进而言之,教育应通过营造良好的生境,来促进学生发展,而不是直接作用于学生。"当教育把视野转向培育生境而不是培养人的时候,在这个生态世界中成长的个体生命将会充满活力和创造性。"①

为营造学生成长的良好生境,应注重建设丰富的学习资源,打造友好的学习空间,制定合理的时间制度,实施唤醒的教育方式。

### (一) 建设丰富的学习资源

在自然生态环境中,资源丰富就会减少生物种内竞争,从

---

① 倪胜利. 混沌边缘涌现的生命及教育生境培育[J]. 西南大学学报(人文社会科学版),2006(02):76—80.

而有利于每个个体的生存。学校教育也是如此,资源丰富才有助于每个学生成长。学习资源有多种形态和类型,本书主要讨论人力资源和物力资源以及在这两种资源支撑下的校本课程资源和学校活动资源。

1. 人力资源

学校的人力资源包括教师资源、学生资源、家长资源等。人力资源是学生成长的最重要资源。

（1）教师资源。教师资源是学生最有效、最易得的学习资源,也是学校发展的第一资源。学生发展离不开教师的引领,教师也因为学生存在而存在。人们常说,有什么样的教师就有什么样的学生,这说明教师的素质高低在一定程度上决定着学生的发展水平。

对于学生成长来说,不仅需要教师有较高专业素养和道德素养,还需要教师有不同个性特点。苏联教育家乌申斯基指出:"固然,许多事有赖于学校一般规章,但是最重要的东西永远取决于跟学生面对面的教师个性。教师的个性对年轻心灵的影响所形成的那种教育力量,是无论靠教科书、靠道德说教、靠奖惩制度都无法取代的。只有个性方能影响个性的发展和定型,只有性格才能养成性格。"

教师的宽容豁达的性格、积极乐观的态度、广泛的兴趣爱好、幽默的口头和肢体语言等无不潜移默化地影响学生成长。事实上,当我们回忆自己的老师时,印象最深的就是教师不同寻常的个性。当前,有的学校已经开始意识到教师个性风格的重要性,如华东师范大学第三附属中学开展教师教学风格、特长评选和认定工作。此举目的在于引导教师在提高一般素质的同时,注重形成和发展自己的个人特点。

优良的师资不仅取决于教师个体,还取决于教师的群体,取决于教师的结构和教师文化。比如说,教师的性别、年龄和学科结构对学生均有较大影响。有调查表明,"小学教师性别比例失衡不仅会影响到学校教育的正常秩序,也会对学生性格、智力交往和行为发展产生巨大的影响。从学生性格这方面上来讲,男学生显然在自信心、独立性方面有着不可忽视的问题,同时,不能长期接触到男性教师,也使女学生在性格方面显示出愈加强势的趋势。"①目前,我国幼儿园和小学普遍存在教师性别比例失衡现象,这一问题应该引起政府和学校高度关注。

教师文化是指教师在长期教育教学活动中形成的价值取向和行为方式。哈格里夫斯(Hargreaves A.)将教师文化分为四类②:

① 个人主义文化。教师拥有强烈的独立成功观,很少干涉其他教师,他们不喜欢变革,也不愿与同事合作,避免与他人讨论变革。

---

① 王宇,汤柳芳.小学教师性别比例失衡对学生发展的不良影响及对策[J].科教文汇(下旬刊),2015(11):13—15.
② 马延伟,马云鹏.课程改革实施中校长角色的转变[J].课程·教材·教法,2003(1).

② 派别主义文化。学校分裂为许多独立的团体，教师忠诚于、归属于某一个派别。派别内部成员之间联系紧密，但派别之间教师则漠不关心甚至相互竞争，因此学校中教师很难有共享的目标，革新也难以在全校范围内进行。

③ 人为合作文化。教师之间的合作是由外在行政控制的，这是由某种正规而特定的科层程序强制的、可以预测的、局限于特定时空条件的合作。合作的主要目的在于满足科层制度的要求，而不是学校实践的要求和个人的本意。

④ 自然合作文化。这是经过人为合作文化阶段后的更高级的合作文化。它是渗透在日常教学中的教师之间自发的、自然而然的合作。如教师之间会自发地相互观摩学习，互相帮助，共同克服教学中的困难。

学校文化建设的重要目标就是要清除个人主义文化，引导派别主义文化、人为合作文化向自然合作文化转变。这种合作文化，不仅有助于教师成长，减轻教师教学负担，还有助于形成强大的教育合力。此外，"教师在工作中真诚合作，能增强学生的合作意识，培养乐善好施的品格"[①]。

（2）学生资源。学生的发展离不开教师，也离不开同伴。有关研究表明，同伴对学生发展影响巨大。"整体而言，同伴的平均成绩越好，标准差越小，对个体的学业发展越有益。同

---

① 刘径言.论新形势下教师合作的功能、影响因素及途径[J].通化师范学院学报，2007(6).

伴的性别结构对学生成绩也有一定的影响,女生比例越高,个体的成绩越高。处于较低成绩分位数的学生,受同伴的平均成绩的影响较大,但同时也受到同伴成绩的标准差较大的负向影响。"①现实中,家长之所以热衷于择校,不仅是为了选择优秀教师,更是为孩子选择优秀同伴。

不过,能否使同伴资源发挥良好的教育作用,不仅取决于同伴个体是否优秀,还取决于同伴关系是否具有建设性。学习是一种交往互动的过程,同伴之间通过交流、讨论可以相互启发,集思广益,提高解决问题的能力。同伴的友好互动有助于形成良好心境,提高学习效率。同伴交往还有助于学生社会技能和社会品格的形成。因此,学校应致力于营造良好的、富有教育学意义的同伴关系。

对于住校学生来说,同学资源还应该包括室友资源。室友之间空间距离最近,相处时间最长,相互影响最大。宿舍不应该只是学生就寝的地方,更应是学生交流学习心得,探讨人生理想的场所。近年来,不断有类似"某个宿舍学生全部考取研究生的报道"。如搜狐网以"逆天!一个宿舍全考上了研究生"为题报道了三本院校吕梁学院文华苑某宿舍的5名同学一起考研成功的故事。② 又如,中国新闻网以题为"同一寝室

---

① 袁玉芝.教育中的同伴效应分析——基于上海 2012 年 PISA 数据[J].上海教育科研,2016(03):30—34+25.

② 搜狐网.逆天!一个宿舍全考上了研究生[EB/OL].(2019-06-27)[2020-12-23].https://www.sohu.com/a/323373795_196926.

4帅哥全都考上了研究生，一个好的寝室氛围有多重要"，报道了湖北工业大学工程技术学院某宿舍4名学生一同考取研究生。其中一名学生接受记者采访时说："正因为全寝室的人都考研，大家便有了统一的奋斗目标，生活和学习计划也比较一致，碰到问题，大家更能相互理解和相互鼓励，这也是我们成功率高的最大原因吧。"①从这些例子可以看出，建立良好的宿舍文化，积极发挥同伴之间相互影响的作用，对学生成长具有重要意义。

为有效发挥学生资源的教育作用，还应该促进学生之间异龄交互。最近，笔者应邀去常州威雅公学参观，发现这所学校实施混龄家庭式学生寄宿制度。学校每间宿舍住有三位同学，这三位同学分别来自低中高三个年龄段。混龄式寄宿的目的是营造"家"的氛围，发挥学生（家庭成员）之间相互帮助、相互教育的作用，培养学生学会生活、学会交往的能力。

笔者看过中央电视台综合频道一期《等着我》节目，这期节目说的是一位求助者寻找自己在读小学时的一位高中女生。求助者当时家境十分贫寒，又得不到家长照料，处境十分困难，在校表现也十分邋遢、散漫，但幸运的是得到了这位善良的高中生的帮助和照顾。这种帮助和照顾对求助者的成长产生了很大影响，以至于终生难忘。求助者当时之所以能得

① 搜狐网.同一寝室4帅哥全都考上了研究生，一个好的寝室氛围有多重要[EB/OL].(2019 - 05 - 19)[2020 - 12 - 23]. https://www.sohu.com/a/314939498_176210.

到这位高中生的照顾,是因为他当时就读的是小学、初中、高中一贯制学校,加之当时,学生课余时间较多,使得他们之间有机会相互交往。

这种故事虽然只是一个个例,但从一个侧面可以看出异龄交往对孩子成长可能的影响。时下,有关混龄教育在学前教育阶段得到了普遍关注,但在中小学,异龄学生之间交往机会较少,主要发生在社团活动中。有的学校开展"大手牵小手"活动,让年长的学生与低龄学生开展结对帮助,这不失为一个好的举措。

(3) 家长资源。家长是学校教育的重要资源,山东省教育厅原副厅长张志勇曾经指出:"'家长教育'是学校教育资源的富矿。"[①]他认为,对学校教育来说,家长具有独特的、不可或缺的价值。一所学校,从数量上讲,家长往往是教师数量的数倍甚至数十倍。每位家长的职业、人生经历不同,这种资源对于教师资源具有极大的互补性,是丰富多彩、取之不尽、用之不竭的。家长又是最可持续的资源。一批家长随着学生的离校而离校,必然又有一批新的家长伴随着新生的到来而到来。家长资源会随着学生的变动而变动。因此,如何开发和利用家长资源是学校变革和发展的一个很有价值、很有现实意义的课题。

---

① 张志勇."家长教育":学校教育资源的富矿[N].中国教育报,2012 - 01 - 08(03).

## 2. 充足的物力资源

物力资源主要指学校各种场馆和设备,如教室、图书馆、阅览室、各种专用教室、各学科实验室、学科专用电教室、现代化教育手段、文体器材等。毋庸置疑,一定的物力资源是保障教育教学正常运行的重要条件,是学生发展的重要支撑。学校设施设备应随着经济、科技的发展和教育自身改革的推进而不断提档升级。比如,传统上,学校图书馆主要是提供图书借阅和阅读的场所,这显然不能适应当今教育改革和学生发展的需要。当今,学校图书馆也应该是学生休闲、交流,开展各类探究活动的场所。随着数字技术的发展,图书馆不只是固定的,还应该是流动的;不只是实体的,还应该是虚拟的。

学校还应打破边界,充分发挥校外资源的教育作用。这些校外资源包括公共图书馆、博物馆、展览馆、科技馆、青少年宫、公园、社区、工厂、农村、科研院所以及各类教育基地。这些场馆、机构和基地为学生学习和开展各种体验活动提供了别样而独特的教育资源。常州市教育局在政府和社会各界支持下,为有效开展劳动教育,在全市建成100个规模不一的劳动教育示范基地。同时,常州市各辖区也积极开展劳动教育基地建设,如常州市金坛区投资10亿元,建成占地约5 000亩的学生劳动实践教育常州西部基地群,常州市武进区投入40亿元正在建设占地3 000亩的劳动教育实践常州东南部基地群。这些基地为学校劳动教育以及其他体验教育提供了重要的物力资源。

此外,学校之间应尽可能实现教育资源共享,提高教育资源利用效率。常州市青少年活动中心原先只是在节假日服务学生,平时则闲置。为盘活资源,放大资源的使用价值,该中心在教育局的支持下,通过改造和建设,现在已成为市区初中校综合实践活动和普通高中的通用技术教学基地。又如,南京江宁区教育局建设了网络平台"小学特色文化大平台——校园文化场",各校通过网络共享彼此特色场馆。

3. 多样的校本课程

课程是促进学生发展,落实培养目标的重要载体。国家课程是国家规定的统一课程,它体现国家意志,具有强制性。但国家课程是普适性课程,很难顾及地域、学校、学生的个别差异,很难满足学生多样化需要。同时,国家课程主要以学科为主,综合不足,以知识为主,实践较少,不利于培养学生综合能力和提升学生整体素质。因此,开发和建设校本课程是学校变革的重要主题。

校本课程开发包括课程选择、课程改编、课程整合、课程渗透、课程补充和课程新编等多种形式。课程选择是指根据学生需求特点、学校实际选择一门或几门现有课程作为本校特有的课程。课程改编是指结合学生特点和地方实际对已有的课程进行改造,包括对国家课程的校本化实施。课程整合主要指按照某个主题将多门学科知识或技能组织成一门新的课程,这类课程有助于培养学生综合解决问题的能力。课程渗透是指将某个教育主题有机渗透到学科教学中,这样无须增加课程门类和课时,如在各学科渗透生命教育、励志教育、爱国主义教育等。课程补充指对学校现有课程的不足或缺陷进行有针对性的拓展或补充,如有的学校为了强化学生写作能力,专门开设写作指导课。课程新编一般是根据学校实际和文化特色而新开发的课程。如常州市虹景小学以"花文化"为学校特色,多年来该校一直开设花文化课程;常州市解放路小学为了践行"在创造中成长"的办学理念,着力培养学生创新能力,多年来致力于开发和建设头脑奥林匹克课程。

开发校本课程首先要做好学生需求分析,使之真正适合学生发展需要。学生的需求包括知识学习需求、心理发展需求、兴趣特长需求和弱势需求等。某校把竹笛作为学校特色,要求所有学生都要学习竹笛课程,而事实上,不是每个学生都对竹笛感兴趣,也并非每个学生都适合学习竹笛。显然此举忽视了学生的真实需求,也违背了教育规律。其次,要了解学校实际,做好可行性分析,如学校人力、物力和财力资源可否满足课程开发需要。

开发校本课程常常会面临教师资源不足的问题,对此,一方面要盘活校内资源,利用本校教师的兴趣特长。如有的文化课教师可能在体育、音乐、厨艺等方面有特长,那么,学校可以利用其所长,让他们兼授某种兴趣课。另一方面要利用好社会资源。如有的学校为了开展民俗教育,聘请民间民俗传人到学校任教,还在学校成立有关民俗工作室,这样既解决了学校师资问题,又有助于地方民俗文化的保护与传承。

### 4. 丰富的校园活动

校园文化活动是学校的"隐形课堂",对学生的全面发展和个性发展起着潜移默化的作用。学校要高度重视各类活动的育人价值,为各类活动的开展提供制度、时空和资源保障。学校活动有多种类型,如文体活动、科技活动、团队活动以及各种社会实践活动等。不同类活动对学生发展有不同意义。学校要针对学生发展需要,结合学校实际因地制宜地制度化、系统化地开展各类活动。学校活动要注重系统策划、长程设计,尽可能放大和提升活动的育人价值;要注重引导学生自主举办各类活动,让学生在自主策划、自主管理、自主活动中培养各种能力,锻炼各种才干,丰富各种体验。

有必要一提的是,学校各类活动和特色项目应尽可能惠及每一位学生。我们在各种教育成果汇报中,时常听到学校津津乐道地介绍自己的特色课程、创新项目、经典活动,遗憾的是这些优质资源很多只是"点上开花",惠及的只是少数人,并没有实现全体或者大多数学生共享。有些项目或者活动甚至是为了装点门面,为了"一俊遮百丑"。有些学校偶尔会举办一些大型活动,而这些活动时间短,参与面不广,很难促进学生真实地发展。因为学生的成长不是靠偶尔"吃大餐",而是靠吃"日常饭",靠吃"自助餐"来获取各种营养。

### (二)建设友好的学校空间

学生在读书期间很大部分时间是在学校空间中度过,学校空间不仅是学生学习的地方,也是学生生活的场所。学生在学校空间中如何生活，决定着学生生活质量和如何发展。为此，学校应致力于建设友好的学校空间。

1. 学校空间应该是平等和公平的空间

福柯等人认为，"空间就是权力"。人们占有某种空间，意味着获得某种权力；处在不同区域的空间往往享有不同的权力。有人调查泰坦尼克号沉船事故时发现："不同等级客舱的乘客，幸存率存在巨大的差异。三等舱乘客的幸存率不仅远远低于头等舱和二等舱，甚至还低于 32% 的全船总幸存率。"[①]这一数据似乎在表明，空间的不平等隐藏着经济和权力的不平等。

学校空间，在一定意义上也是权力空间，同样存在种种不平等、不公平现象。比如说，学校居于中心位置的往往是办公楼，在办公楼中的中心楼层往往是学校领导办公地。学校有的区域具有排他性。如有的学校明确规定电梯只能教师专用，有的学校即便没有硬性规定学生不能用电梯，但由于乘电梯需要刷卡，学生实际上还是无权使用。另外，相对来说，教师的自由支配时间远远多于学生，学校有些空间（如体育场馆）在使用频率上教师明显多于学生。说到电梯，笔者想起有一次陪一名记者去一所学校，这名记者当时膝盖受伤尚未痊愈，可是这所新建不久的学校却没有一部电梯。校长跟我解

_____

①　晋军.结构的力量："泰坦尼克号"上的生与死[J].读书,2016(08):77—83.

释,学校建设的那段时间,教育管理部门正好有统一规定,不准装电梯。很显然,这一规定实际上不公平、不伦理,因为学生中间难免会有残疾人,难免偶尔会有骨折等病人。再说,以现今的经济条件,装一部电梯算不上奢华,问题还是出在观念上。

既然学校空间存在不平等、不公平,建设友好的学校空间首先应从"空间平权"着手。比如,改变教室空间布局,避免教师在学生面前拥有绝对权威和主宰课堂的至高无上的地位。学校图书馆和体育场馆应增加向学生开放的时间和机会。学校要均衡配置资源,实施均衡分班,避免少数学生、少数班级独享优质资源。学校还应根据学生特点创造多样化、可选择的不同空间。例如,在小学,由于学生年龄、身高差异比较大,对一些体育设施要求也有不同。学校应尽可能按照学生年龄或者身高划分出不同功能区域。学校空间还应体现对残疾以及生病儿童的关怀,优先维护弱者的权益。如设置无障碍通道,建立专门补偿教育教室等。

2. 学校空间应该是一种共生的空间

学校本应该是家庭的延伸,是呵护儿童成长的空间。当下,学校空间却充满竞争。学校通过频繁的考试和各种成绩排名,把学生分成三六九等并予以区别对待。这不仅给学习者带来过多心理压力,还让他们产生紧张和焦虑。阿伦特认为:"从黑暗中涌出的生命,无论天生有多么强烈地冲破黑暗的倾向,它的生长都需要黑暗的庇护,不单单植物生命是如此。"①"学校是家庭的延伸,是呵护儿童成长的'第二子宫'。"②学校中的竞争让儿童的成长过早地失去了庇护。同时,不当竞争又有可能破坏学生间的合作与团结,容易使学生产生嫉妒、自私、保守的心理,容易催生道德冷漠。

　　这种近乎残酷的竞争不仅发生在学生之间,也发生在教师之间。前不久,一则网络新闻让人痛心,广东惠州市某高级中学一名教师因为自己学生成绩没考好而跳楼自杀。教育是一项道德事业,教育需要教师团结合作,需要教师倾注爱心,但眼下,对学生考试分数的追求和学校的各种考核评比,让同一年级同一科目的任课教师之间,甚至在同一班级内不同科目的任课教师之间存在比较激烈的竞争,导致教师之间人际关系紧张,教师身心压力加大。教师之间的竞争还可能导致教师为自己所教学科取得好成绩而争抢学生的时间,如通过拖堂占用学生课间时间,通过布置大量作业抢占学生自习和课外时间等。这些也是造成学生学业负担过重的一个重要原因。

　　3. 学校空间应该是相对自由的空间

　　福柯认为,学校空间存在权力规训现象,这种权力规训可

---

①　[美]汉娜·阿伦特. 在过去与未来之间[M]. 王寅丽,译,南京:译林出版社,2011:174.

②　高德胜. 竞争的德性及其在教育中的扩张[J]. 华东师范大学学报(教育科学版),2016,34(01):14—23+110.

分为层级监视、操练惩罚和考试检查等三个方面。比如,学校在空间设计上,常常会有高台,这些高台设计除了显目外,也有监视作用。又如,学校的管理体制存在着严格的控制体系,这种体系从校长、学校中层、年级到班级逐级传递着监督职责。这种监督还延续到班级中,班级中有各种身份的班干部,这些干部在教室和学校空间中执行着监督的职责。学校存在各种操练式惩罚。如让犯错误的学生重复抄写单词、公式、口诀等,这时,"惩罚就是操练"①。甚至有的惩罚带有歧视。曾有媒体报道,有学校让成绩好的学生戴红领巾,成绩差的学生戴绿领巾。

适当的规训是必要的,有利于形成教育教学秩序,培养学生良好的学习习惯,但如果规训过多、过细,就会限制学生生命的自由舒展,不利于学生创造力的发挥,甚至有损学生的权利和尊严。

4. 学校空间应该是宜居化的空间

随着信息技术的发展和"泛在学习"越来越成为可能,有人预言,在未来社会,学校将会消亡。那么,学校如何才能不被消亡? 重要的出路在于,学校的功能要不断提升,不断拓展。学校应该不再是单一的、"工厂化"的学习场所,也应是身心栖居的家园。学校将回归生活,回归休闲,将从"考试工厂"

——————

① [法]福柯.规训与惩罚[M].刘北成,杨远婴,译.北京:三联书店,1999:203.

变成"成长农场"。这种宜居化的空间主要表现在以下几个方面[①]:

一是舒适惬意的学习空间。英国一项研究表明,教室的灯光、温度、声音、布局和颜色等物理元素与学生成绩的相关性高达 73％。随着办学条件的改善和对学生身心健康的重视,学校空间将越来越适合学生的身心特点和审美需求。

二是便捷温暖的生活空间。"学生是学会生活的人",学校空间既是学习空间,也是生活空间。学校应让学生有"家"的感觉,有自己的领地感。学校应该有学生的物品储藏室,不至于上下学背着沉重的书包;学校应该给学生设立档案和成绩展品区,使之有一种归属感和成就感,让温暖深深植入他们的记忆空间和心灵空间。

三是丰富多元的休闲空间。学校(School)一词,最早来自古希腊文 schole,schole 就有"休闲时间"的意思。因此,从本义来看,学校也应该是休闲的场所。学校应该有丰富的活动场馆,满足学生各种兴趣爱好;有亲近自然的角落空间,帮助学生不时走出钢筋水泥堆砌的世界;有各种相对私密化的空间,让学生调节身心,宣泄情感和深思冥想。总之,学校的每一寸空间都应服务于学生自然、快乐地成长。

---

① 鲁兴树.未来学校的空间想象[N].中国教育报,2020 - 05 - 13 (05).

### (三) 建立合理的时间制度

人既是空间性存在，又是时间性存在。学生在学校不仅需要友好的空间，也需要合理的时间制度。时间本是绵延的存在，但为了形成集体秩序，提高活动效率，必须建立时间制度。时间制度是否合理，在一定程度上决定着学生在学校的生命质量，也决定着学生如何发展。因此，时间制度应成为学校变革研究的重要视角和内容。在此，笔者想从学生时间分割的角度简要讨论如何建立合理的学校时间制度。①

#### 1. 建立柔性的教学制度，增加"为我的时间"

每一个学生在学校都经历相同的时间，但不同的时间分割对于每个学生具有不同的意义。按照学生个体与在校时间的关系，可以将时间分为"为我的时间"和"为他的时间"。所谓"为我的时间"，是指对我有意义、我也投入其中的那部分时间。"为他的时间"，是指虽然我也在场，但从发展的意义上看与我无关。比如，所授内容我不感兴趣，或者我听不懂，但又不得不在场。这时，虽然我和他人共同在某一时间中度过，但时间在意义上不属于我，甚至是异己的。在固定班级授课的背景下，全班同学被纳入统一的时间管理，他们在同一时间里，身处同一空间，面对相同的教学内容、教学难度和教学进度，接受统一难度、统一内容的各种考试。其实，学生又各具

---

① 鲁兴树. 时间分割：初中教学政策制定的重要依据[J]. 教学与管理，2014(07)：26—28.

特点,有不同的兴趣爱好和个性特长;学生之间又具有先天或后天造成的差异,学习能力各有不同,因此,这种授课模式很容易造成某些学生在课堂中或多或少是陪衬或陪读的角色。

为增强时间分割的伦理性,促进教学公平,除了减少校额和班额外,应建立柔性的教学管理制度。如正视学生之间个性特点和成长快慢的差异,建立学生留级、跳级制度;对有特殊爱好和专长的学生可以允许他们将更多时间用于培育和发展这一爱好和专长。学习潜力较大,而基础比较差的学生可以留级。例如,进城务工人员的随迁子女,他们有的学习潜力很大,但由于家庭学习环境不好、频繁转学等原因造成基础较差,对于这些学生应允许留级。

2. 减少统一的学习时间,增加学生的自由时间

自由时间是学生能自己支配的时间。学生是否拥有自由时间,反映他们的生存和生命状况,也是衡量人生命质量高低的一个重要标准。

现实中,学生自由支配时间较少。一位中学生家长写给《中国教育报》的一封信中说:"学生每天睡眠时间不足 6 个小时,量多而繁杂的家庭作业需 4—6 小时才能完成,加上白天在学校上课长达 12 个小时,早 7 点上课,晚上 7 点放学,远远超过孩子的自身承受能力。成人每天才工作 8 个小时,他们竟达 18 个小时⋯⋯"①更可怕的是,面对这样的诉说,我们已

---

① 中小学生负担究竟有多重. 中国教育报[N]. 2012 - 05 - 18(01).

经不再用"骇人听闻"来形容了,似乎已经麻木,已经司空见惯!

天津教科院的一项调查显示,与其他国家相比,我国中小学生的自由时间可谓最少。如中国初中学生一般要学习 9—13 门(类)课程,其中必修课最少 9 门,每周 34 课时(此处是按照行政部门课时计划统计的,实际上,为应付考试,学校一般都会在考试学科上想方设法加课时,也就是说,实际不止 34 课时),远远高于发达国家平均值 23 课时。在课时方面,和中国最接近的是日本,日本的初中生每周 28 课时,但仍然要比中国少 21%。[①]

自由时间不仅影响学生的生命质量,也制约着学生的生命潜能开发和个性发展。苏霍姆林斯基曾经说:"只有当孩子每天按照自己的愿望随意使用 5—7 个小时的空余时间,才有可能培育出聪明的、全面发展的人来。离开这一点去谈论全面发展,谈论培养素质爱好、天赋才能,只不过是一句空话而已。"[②]所以增加自由时间意义十分重大。学校应减少知识类课程内容和课时,减少作业量,增加自主学习和活动时间。另外,在增加自由时间绝对量的同时,要确保自由时间的纯粹性。如自习时间就应该让学生自习,休息时间就应该确保学

---

① 调查表明:中国学生总课时最多选修课最少[N]. 现代教育报,2007 - 11 - 02.

② [苏联]苏霍姆林斯基. 帕夫雷什中学[M]. 北京:教育科学出版社,1983:175.

生能够利用这段时间休息,活动时间就必须让学生活动,不允许被挤占,被挪作他用。

3. 改进课程设置,提高学生时间分割的科学性

从科学性看,课程门类、内容及进程安排应该适合学生自由发展,符合学生身心特点及学科本身规律。调研表明,现阶段,我国学生时间分割的科学性不容乐观。

首先,从课程门类看,我国中小学选修课程较少,必修课程较多。如日本和加拿大在初一年级就开设选修课,法国在初二年级开设选修课。美国、澳大利亚初中也设有选修课,而我国初中鲜有选修课。一些国家,即便是必修课,也往往具有选择性,如美国中学的必修课程可分为几个不同水平层次,学生可自主选择某个水平学习,获得相应的不同的学分。① 必修课过多,学生在课程中自由支配的时间较少,不利于学生个性发展。

其次,就必修课而言,其课程比例也有不合理之嫌,主要表现在知识类取向和以纸笔测验为形式的考试类课程较多,艺术素养、情感及生活技能课程相对较少。这样的课程比例不利于学生全面、和谐发展。就初中数学学科而言,德国、加拿大、法国、英国、日本的周平均课时分别为 4.3/4.05/3.5/3.5/3,而我国一般为 5 节。显然,我国初中数学的周平均课

---

① 调查表明:中国学生总课时最多选修课最少[N]. 现代教育报,2007 - 11 - 02.

时数高于上述国家。在初中外语学科方面，加拿大、德国、日本、法国、英国的周平均课时分别为 4.3/3.75/3/3/3，而我国课时计划为 4 节，而实际上，一般都上 5 节，也高于上述国家。①

笔者曾经在经济相对落后的乡镇中学从教，深切感受到很多学生之所以厌学、辍学、欺凌同学，成为所谓的"双差生"，与对所学课程不适应有重要关系。比如，相当数量的初中学生由于各种原因在小学就没有打下基本的学习基础，到了初中，面对以升学为导向的大量的文化课学习，困难重重。对于这些学生，如果降低文化课要求，增加艺术类、体育类、生活类、职业技能类等课程，那么，他们的学校生活或将是一种愉快而难忘的经历，而不会因为学习困难而迷茫、痛苦，以至于虚度年华，无事生非。因此，变革课程设置，增强课程的弹性化、选择性和适应性，是办适合教育的重要课题。

鉴于时间制度对学生发展的重要意义，国外很多新学校把"时间的重新安排"作为学校设计的重要主题。他们在时间安排上取消了传统学校的钟铃声，而采用探究性学习的时间安排。学校根据教师和学生的需求，对时间进行灵活调整，整个时间表只具备一个基本的框架来保证每周和每年的少量常规安排，而大量时间则完全交由师生自主安排。即使是在校

---

① 调查表明:中国学生总课时最多选修课最少[N]. 现代教育报，2007 - 11 - 02.

时间，也因人而异。①

（四）建立唤醒的教育方式

英文"教育"一词来源于拉丁语 educare，原意是"引出"。苏格拉底的"产婆术"和问答法，就是采用对话、思辨等手段，一步步启发对方思考，从而引导出思想和智慧。我国古代大教育家孔子提出的"不愤不启，不悱不发"，也有"引出"之义。"引出"就是一种唤醒。

唤醒的反义词是沉睡，唤醒相对于沉睡而言。什么是唤醒？下面一则故事似乎提供了比较完美的注解。

苏格拉底的父亲是一位著名的石雕师，在苏格拉底幼年时期，有一次他父亲正在雕刻一只石狮子，小苏格拉底观察了好一阵子，突然问父亲："怎样才能成为一个好的雕刻师呢？""看！"父亲说，"以这只石狮子来说吧，我并不是在雕刻这只石狮子，我是在唤醒它！""唤醒？""狮子本来就沉睡在石块中，我只是将他从石头监牢里解救出来而已。"

在某种意义上，教育就是一种唤醒。正如著名教育学家斯普朗格所说："教育的最终目的不是传授已有的东西，而是

_____

① 张熙.为儿童筑造更好的学校空间[J].人民教育，2015(12)：14—17.

要把人的创造力量诱导出来,将生命感、价值感唤醒。"①教育之所以是"唤醒",一方面,每一个儿童都是一颗不同寻常的生命种子,天生蕴藏着生长力量和发展潜能;另一方面,作为成长过程中的儿童,其心智又处于一种相对的未开化状态,即"懵懵懂懂"的状态。教育之所以是唤醒,还在于人的发展是一种内在的趋势,是人的自己的发展,教育不能代替儿童的发展,只能顺应、引导儿童的发展。也就是说,人的发展是一种自然过程,教育应遵循人的自然规律和内在秩序,不能急于求成。具体而言,教育中的唤醒,其任务主要包括以下几个方面。

一是唤醒儿童蕴藏的潜能。科学家研究表明:人脑有140个神经元,9 000多个辅助细胞,能储存1 000万个信息单位,相当于5亿册图书。人平常只发挥了极小的大脑功能,人要是能够发挥一大半的大脑功能,就可以轻易学会40种语言,背诵整本百科全书,拿12个博士学位。可以说,世界上最丰富的矿藏资源在人脑中。教育的重要使命是唤醒和开发这些潜能。人的潜能是多元的、无限的。然而当下的教育,大多只注重知识教育,过于注重传授僵死的知识,注重在知识考试中获得高分,忽视甚至扼杀了其他潜能的开发。在这种情况下,教育变成了"教杀"。

---

① 粟景妆.斯普朗格:德国现代教育体系的开创者[J].教育与职业,2013(19):111—112.

二是唤醒儿童的生命冲力。柏格森认为,每个生命随时都有自我突破的内在要求,都有一种生命冲力。有关人类学研究表明,每个人都有强力的自我发展动因,都有不安于现状、不断地挑战自己的人生极限的勇气,都有生命创造的强烈欲望。教育要唤醒这种生命冲力,唤醒这种挑战自己人生极限的勇气,帮助学生最终实现充分发展的生命价值。

三是唤醒儿童蒙昧的良知。苏霍姆林斯基曾说,每个孩子身上都有某种善良的东西,只要有火星就能燃烧。作为教师要时时、事事、处处为学生提供一块纯真、善良、友爱的沃土。教师不是凭教条灌输,而是坚持正面教育,充分利用各种教育手段、力量引导学生做出善行善举,从而使学生道德的善根自由自在地生长。

四是唤醒儿童原有的知识经验。建构主义认为,知识学习不是由教师向学生传递的过程,而是学生主动建构的过程。学生不是一块白板,教育要通过建立"先行组织者"唤醒学生的原有知识经验,让学生通过原有的知识经验来同化和顺应新的知识。

唤醒是教育方式,但不是所有的教育方式都是唤醒。笔者认为,如果教育是唤醒,而不是灌输,其方式上至少应该体现以下几个特征。

(1)非强制性。"唤醒",作为教育方式,其含义与"灌输""注入"相对立。第斯多惠认为:"教育的艺术不在于传授本领,而在于激励、唤醒和鼓舞。"教师要尊重学生的主体地位,营造平等的师生关系,善于激励和鼓舞学生,让学生有心理自由和心理安全感。要尊重、包容、接纳学生之间的差异和不同特点,善于把学生之间的差异和不同点作为相互学习、相互帮助的教育资源。要尊重儿童的成长规律,实现教育节律与儿童生命成长的节律同步律动,通过顺应儿童的发展特点来提高教育效率。教学过程中要以启发式为教学指导思想,多运用谈话法、问答法,充分调动学生学习的积极性、主动性,引导学生通过自己的观察、思考和实践获得知识,发展能力,养成品格。

(2)间接性。按照自组织理论,人的学习是自组织行为,外部的教育行为往往不能直接对人的学习产生作用。但这些自组织行为不是自发形成的,需要一定的条件,需要外部信息或能量的"扰动",唤醒就是这种"扰动"。唤醒不是直接的告知、教导,而是通过一些隐性和间接的手段影响学生。唤醒的方式要求我们多运用陶怡法和体验法,通过创设情境,让学生在不经意间接受教育;多运用暗示教学法,通过暗示,唤醒儿童的无意识心理活动,诱发其学习需要和学习兴趣,激发其内在学习动力和学习潜力,进而提高学习效率和学习品质。

(3)探究性。教师要唤醒儿童,必须开展教学研究。教师必须研究儿童的心理特点、心理需求,研究唤醒的艺术和唤醒的方法。教师不仅要有一颗灵动的心、丰富的情感,还要有一双锐利的眼睛,去发现学生的生命潜能和生命律动。作为唤醒的教育还要引发学生的探究欲望,引导学生自主探究知识，自主对教材或材料进行"再发现"，并在此过程中培养学生进行自觉学习、自主探究的习惯。唤醒的课堂，无论是"教"还是"学"都充满探究性。

（4）生成性。唤醒要以学生为中心，唤醒学生的已有、已知，在此基础上促进学生自然而然、顺理成章地发展。唤醒不是把学生的思维纳入教师事先设定好的轨道，引出教师需要的答案，而是通过师生之间平等对话与交流，引导学生自主建构，主动探究；不是从外部制约和控制学生，而是通过创设情境，在多元互动中解放学生的内在力量，让学生自奋其力，自致其知，进而实现自由成长。

综上所述，把学校当作生命有机体，首先要改变教育中的工具主义，真正确立以人为本的理念，让教育回到人，依靠人，服务人。只有这样，才有可能真正激活教育的内在活力，回归教育的本真意蕴，实现人、学校和教育在生命意义上的发展。

# 第三章　从外烁到内生：
## 　　　勃发学校发展的主动性

学校需要适应环境，但它还必须成为社会中一个创造性和挑战性的因素。因为与其他任何组织相比，学校更多地代表着未来。

——［挪威］波尔·达林

前文提到,生命有机体具有自组织性和主动性。学校可以看作一种特殊的生命有机体。这种特殊性的一个重要表现是,学校教育是以人培养人的实践活动。人具有主观能动性,学校教育又是有目的、有计划的社会实践活动,因此与一般生命有机体相比,学校这个有机体应该更具有目的性和自觉性,更具有自行创生、自行演化、自行从无序走向有序的功能,更具有主动变革的意识和能力。

任何事物的发展都是自组织和他组织共同作用的结果,学校发展也不例外。从直接推动学校发生变革的动力源来看,教育变革可分为外烁性教育变革和内生性教育变革。"外烁性教育变革,即推动学校发生变革是由外在的力量所决定,主要以'政府主导型'学校变革为代表。"①外烁性变革主要是"他组织"机制在起作用。学校内生性教育变革属于自组织变革,是指学校变革的意愿和力量主要来自学校内部,是以学校为主导的变革。

学校变革离不开政府的政策引领和人、财、物的支持,但学校变革最主要、最持久的力量来自学校内部。"自组织理论告诉我们:系统外部的力量往往不能直接对系统的行为产生

---

① 王升,潘新民."助成教育变革"的理论思考与行动推进[J].教育研究,2013,34(01):69—75.

作用。"①学校"没有其自身的自组织变革,就不会有真正的学校教育变革"②。

在撰写此稿时,恰逢教育部等八部委联合印发《关于进一步激发中小学办学活力的若干意见》。这表明,促进学校内生变革具有重要的现实意义。为促进学校内生变革,激发学校发展活力,常州市教育局从 2003 年开始启动"学校主动发展工程"。以下结合常州教育实际,以"学校主动发展"为主题,讨论如何促进学校内生变革。

学校如何主动发展? 这是一个复杂的研究课题。本章在分析学校为什么要主动发展、学校主动发展的主要障碍基础上,联系常州市教育局多年来倡导和推进学校主动发展的实际,阐述学校主动发展的内涵、推进策略与举措。

# 第一节　学校为什么要主动发展

主动发展是一个时代命题。当今时代是一个主体性高扬的时代,一个需要人人创造的时代,一个社会对教育需求日益多元、日益提升的时代。在这样的时代,学校没有理由不主动发展。因为学校只有主动发展,才能勃发教育组织的内生力量,才能应对社会转型的挑战,才能顺应教育改革与发展的趋

---

①② 张志勇. 内生革命:学校教育的自组织变革[EB/OL]. (2015 - 12 - 18)[2021 - 01 - 27]. http://www. 360doc. com/content/15/1218/05/ 29487391_521197146. shtml.

势,才能满足人的发展和社会发展对教育的多元需求。

## 一、勃发学校自组织力量的需要

学校的发展是他组织和自组织共同作用的结果。"复杂巨系统,尤其是社会系统,都是自组织与他组织的某种统一。在短的尺度上说,人的任何自觉行为都是有计划的,因而所有社会系统都是他组织。但在足够长的时间尺度上,社会系统形成演化都是自组织的,充满各种自发性,无法预料的新现象、新模式、新动向,在无法预料的时间出现。"①

学校作为生命有机体,是一个复杂巨系统。在工业化时代,由于经济和政治的强力作用,学校变革更多的是在外力干预下进行的他组织变革。而"在信息化时代,由于学校的开放性加大,学校内外信息能量交换速度的加快,组织创新作用的突显,学校自组织的能力加强,学校变革越来越多地倾向于自组织"②。促进学校主动发展,就是顺应学校自组织特点,释放自组织发展潜能。当然,学校主动发展,不是不要行政管理,而是主张政府部门变直接管理为间接管理,变管理为服务;主张政府部门应为学校自组织的形成和发展营造一个适宜的环境和条件,进而促进学校自主发展、主动发展。

---

① 苗东升.分形与复杂性[J].系统辩证学学报,2003(2):7—13.
② 王星霞.学校发展变革研究[D].西北师范大学,2007:149.

## 二、满足学生和教师主动发展的需要

学校的核心任务和本体功能是促进学生的发展。不同的时代,对学生发展有不同的要求,当今时代,是一个信息化、全球化时代,是一个不确定性日益增强的时代,在这样的时代,社会特别需要有理想、有本领、有担当、有创新的人;特别需要能学会选择、勇于面对挑战、具有主动发展意识和能力的人。要培养这样的人,学校必须主动发展,只有学校主动发展,才能培养出具有主体精神和主体品格的人。因为学校主动发展的目的之一是促进学生主动发展,学校主动发展又必须以学生为重要力量,必须调动学生主动参与。同时,学校主动变革的意识和行为,对学生的主动发展也具有潜移默化的作用。

教师具有主动发展的需要。一方面,教师职业特点决定了教师必须主动发展。随着时代的发展和进步,随着教育改革的逐步深入,随着人民群众对教育的需求不断提升,教师面临的挑战也越来越大。这就要求教师在学识和人格上与时俱进,不断发展自己,完善自己。另一方面,教师作为一个人,尤其是作为一个有文化的个体,在满足基本生活需要的基础上,具有自我发展、自我实现的需要。要满足教师主动发展需要,学校必须主动发展。教师是学校发展的主体和最重要的依靠力量,学校主动发展必须以激发教师主动性和创造性为重要依托。所以,学校主动发展的过程在一定意义上就是教师主动发展的过程。与此同时,学校主动发展才能满足教师的"高层次"发展需求,才能吸引高素质人才从事教育。

## 三、应对信息化社会挑战的需要

学校的一个基本功能是传递社会文化,并通过文化传递促进个体成长和社会进步。但不同时代,学校又承载着不同的功能。在农业时代,学校的功能主要是通过文化伦理教化帮助人们明白事理,规范道德和行为,以维系社会政治和经济秩序。工业时代,学校除了承担传承道德文化和伦理价值功能外,还担当开发人力资本的功能。信息化时代,学校的功能进一步拓展和增强。学校要把个性潜能开发、道德品格的养成、全面素养的提升作为其根本任务,把培养创新精神和创新能力作为其重要目标。这就要求学校教育要"从传递知识为本转向以培养人的主动发展的意识与能力为本"①。如果说农业社会、工业社会,学校教育的功能主要是传承,那么,信息化时代,学校越来越成为创新的"据点",学校教育的主要功能是唤醒和培养人的主体性和创造性。在这样的时代,学校更应该担当主动变革的责任,主动发掘和集聚各种教育智慧和能量,主动探究创造性人才培养的模式和方法。

## 四、顺应校本发展趋势的需要

随着时代的发展,现代学校的办学环境日益复杂,所面临

---

① 叶澜.实现转型:新世纪初中国学校变革的走向[J].探索与争鸣,2002(07):10—14.

的压力和挑战日益加大，人们开始意识到，学校变革单靠政府自上而下的推动，难以医治现代教育的各种痼疾，聪明的做法是下放权力，扩大学校办学自主权，拓展学校自主发展空间，引导学校结合自身实际规划发展目标、发展任务和发展路径。在此背景下，校本发展思想应运而生，教育管理体制开始朝着"以校为本"的方向转变，校本发展成为教育改革与发展的重要策略。

校本发展思想最早萌生于 20 世纪 60 年代，70 年代开始成为西方国家盛行的一种教育管理理念和学校发展策略，90年代末，开始传入我国内地。进入 21 世纪，伴随第八次课程改革实验的启动和实施，校本发展在我国进一步强化，校本课程开发、校本管理、校本教研、校本培训等逐渐成为耳熟能详的主题词。

校本发展强调学校是构成国家教育的细胞组织，是教育变革和发展的基本单位；强调教育变革要以学校为基础、为中心，从学校历史传统和现实实际出发，尊重学校师生的意愿，尊重学校的主体地位，激活和调动师生办学的积极性、主动性和创造性。可以说，校本发展是"基于学校""在学校中"和"为了学校"的发展，学校主动发展正是呼应了校本发展的需要。

总之，主动变革、主动发展是学校的应然使命。"学校需要适应环境，但它还必须成为社会中一个创造性和挑战性的因素。因为与其他任何组织相比，学校更多地代表着未来。"①换句话说,学校应该是社会变革的先导。然而,现实中学校比较保守,并没有起到先导的作用,用迈克尔·富兰的话说:"迄今为止,学校是一个更为保守的机构,而不是一种促进变革的革命性力量。"②

## 第二节　学校主动发展的内涵

主动发展,从字面上似乎无须探讨其内涵,但在常州市教育界,"主动发展"不是一般意义的词语。因为,"主动发展",自从 2003 年教育局行政部门提出后,一直作为教育发展的重要战略和重点工程予以不断深化。目前,它成为常州教育界"家喻户晓"的关键词。与此同时,"主动发展"也被赋予了不同寻常的内涵。

### 一、"主动发展"是精神力量的勃发

对于学校来说,在办学条件日趋标准化、均衡化的今天,学校发展的决定因素越来越依赖于人的精神力量,依赖于文化的力量。倡导"主动发展",意在唤醒发展意识、回归主体精神、勃发文化力量。

---

① [挪威]波尔·达林. 教育改革的限度[M]. 重庆:重庆出版社,1991.

② [加]迈克尔·富兰. 教育变革的新意义[M]. 赵中建,等,译. 北京:教育科学出版社,2005:17.

一是唤醒发展意识。发展意识是指面对发展所表现出来的意向、愿望和意志，是一种积极的心理动机。常言道，"世上无难事，只怕有心人"，这说明发展意识蕴藏着巨大能量。人的意识有待于唤醒，而唤醒本身就是一种发展。联合国教科文组织指出："发展越来越被看作是一种唤醒的过程，一个激发社会大多数成员创造性力量的过程，一个释放社会大多数成员个体作用的过程，而不是被看成是一个由规划者和学者从外部解决问题的过程。"提倡学校"主动发展"，其重要意图就是唤醒学校个体和组织的发展意识。学校有了强烈的发展意识，就会产生强大的发展动能；就会主动积极地谋划发展愿景、发展目标；就会努力探究发展策略和方法；就会抢抓各种发展机遇，想方设法争取各种有利资源，积聚各种变革力量。

二是回归主体精神。主体精神是一种敢于担当的精神、一种自我反思的精神、一种勇于创新的精神。学校是办学的基本单位，本应该是教育变革和发展的主体。按叶澜教授的话说，学校应该形成自己内在的发展需求、动机和动力机制。但是，"近代型学校的发展更看重对外部社会发展、变化的回应，看重外在的标准、显性的、可计量的成果和社会舆论的承认，看重在同类学校中的地位……然而，重要的是学校只有具备了内在动力，认识到教育内在的使命和内在的力量……认识到只有把内在的价值与动力发挥起来时，才会在应对外在需求时保持主动、善于选择，并不丢失自己的相对独立性。"①

　　倡导"主动发展"，把发展的权利、责任和义务还给学校、还给师生，就是要激发学校和师生的主体精神。有了主体精神，学校就会主动认识新时期学校所面临的责任和任务，就会把发展看作自己的事，就会有变革的勇气和胆略，就不会消极适应社会变革，被动执行管理部门的要求。有了这种主体精神，教师就不会消极、被动地应对教育变革，就会重新审视自己与教育、与学生成长、与学校发展、与社会进步的关系；就会有自己的价值追求和教育理想，进而主动承担起变革的责任，积极地参与变革，领导变革；就会勃发出巨大的创造激情和创造活力。有了这种主体精神，学生就会充满阳光和朝气，就会主动学习、主动发展，进而形成素质教育所提倡的主体性人格。

　　三是勃发文化力量。文化是一种力量，文化的力量十分巨大。在西方，正是文艺复兴冲破了绵延千年之久的中世纪黑暗，催生了繁荣发达的欧洲；在中国，正是在马列主义、毛泽东思想的引领下推翻了压在人民头上的"三座大山"，迎来了新民主主义革命的胜利。学校不仅是传授知识的场所，更是传播文化的场所。文化也是学校变革和发展的核心力量。对于学校来说，"主动发展"的空间主要不在硬件改造上，而在文

---

　　①　叶澜.实现转型：新世纪初中国学校变革的走向[J].探索与争鸣，2002(07)：10—14.

化建设上。因为在现实中,办学条件能否改善,很大程度上不是学校自己能说了算,而学校文化建设恰恰是学校自己的事。在这个意义上说,"主动发展"的过程实际上就是文化建设的过程。"主动发展"要求"学校从'知识再生产型'组织转变为新型的以共享愿景、团体学习、不断自我超越以适应复杂生存环境为基本特征的'文化学习型'组织"①。毫无疑问,学校只有成为这样的组织,才会有蓬勃的发展生机与活力。

## 二、"主动发展"是发展方式的转变

"主动发展"在发展方式上隐含着这样一些转变的诉求,即从外控式发展转向内生式发展,从单一性发展转向综合性发展,从立足眼前的发展转向可持续发展。②

### (一) 从外控式发展转向内生式发展

"主动"是一种积极的心理态度。"主动"相对于"被动"而言,是指不靠外力强制、督促而行动,是按照自己的意图、自己的选择而行动。"主动发展"与"被动发展"相对,"被动发展"是"外控式发展"。对于学校发展来说,"外控式发展"主要指"政府主导型"的发展。"政府主导型"的发展有其优点,如政府具有政治优势和资源优势,可以在短时间内集中力量办大

---

① 邬红波.基于组织文化视角的学校共同体建设[J].科技与管理,2013,15(03):83—86.

② 杭永宝,鲁兴树.释放学校发展的精神力量——学校"主动发展"内涵的多维解读[J].人民教育,2019(09):60—63.

事、办难事,但其缺点也显而易见。政府主导型发展的主要缺点有两个方面。一是很难顾及学校发展实际,其变革意图很难得到学校管理者和教师的理解和接受。如相关调查显示,多达 46.5% 的学校教师和管理人员"明确反对"或"消极应付"由政府推动的学校变革。① 二是由于在政府主导下,学校往往只是操作者和执行者,很难调动其变革的积极性和主动性,很难调动广大教师的草根智慧。

主动发展的动力主要来自学校内部,强调学校具有办学自主权,学校可以基于自身情况确立自己的教育哲学、制定自己的办学目标和发展策略,寻找自己的"最近发展区",并在此过程中把握和创造一切可能的机会,盘活和利用一切可能的资源,创造性实施学校发展方案。如此,学校发展主要是内生式的,其结果必然呈现出个性化的趋势,必然呈现出千姿百态、异彩纷呈的局面。"主动发展"倡导通过建设优秀的学校文化、创新学校管理、打造优质课程等途径来发展学校,这种发展方式也体现了内涵发展的诉求。

（二）从单一性发展转向综合性发展

主动发展不是盲目发展、随意发展,主动发展强调主动策划、主动设计。在推进学校"主动发展"的过程中,常州市教育局把制定发展规划作为重要载体和抓手,要求学校遵循系统

---

① 李春玲.理想的现实建构:政府主导型学校变革研究[M].杭州:浙江大学出版社,2007:136.

学原理,从学校教育整体出发进行系统思考,科学规划,整体
推进学校变革,避免和防止学校变革"碎片化"现象。学校教
育本来是由学校工作的各个方面、各个层面、各个环节所组成
的一个有机整体,而在现实中,教育改革总是停留在局部或单
项工作的突破上,常常出现"立足一点不及其余"和"单打独
斗"的现象。出现这种现象,一方面是单项思维和割裂思维使
然,另一方面是学校缺少对自己工作的主动谋划,一味地应对
外在改革指令的结果。

(三) 从立足眼前的发展转向可持续发展

"被动发展"主要表现为,学校自身对改革和发展缺乏长
远规划和设计,只是被动应对眼前的各种改革指令和要求。
这样一来,学校的发展必然是随机的,不可持续的。学校"主
动发展"要求学校面向未来制定发展愿景和目标,从时间维度
上追求的是一种长远的发展。要求学校提升自我发展能力,
包括自我评价与分析能力、科学规划与实践创新能力、资源优
化配置与内部挖潜能力等。这些能力的增强,其结果必然是
"自我造血"功能的增强。要求学校通过文化建设和现代学校
制度建设,营造良好的育人环境和平等、民主的人际关系,激
发学校师生的主观能动性,促进师生提升自我发展能力。这
种内涵式发展的结果,必然有助于学校可持续发展。

## 三、"主动发展"是个性化发展

当今学校发展之所以趋同化、同质化,一个重要原因,是

学校的变革主要依靠自上而下的外力推动。这种外源性变革的结果,不仅学校缺乏发展活力,而且学校变革的意图甚至变革的方案也来自外部,这一变革模式必然造成千校一面的现象。外源性变革的意图主要来自上级政府管理部门,这些意图并非针对个别学校或少数学校,而是针对大多数学校或者所有学校提出的,因此容易脱离学校实际。曾有人就"政府主导型"学校变革有关问题进行问卷调查,当问及"当政府要求学校进行某项变革时,您认为它在多大程度上关注和考虑了学校的实际情况"时,回答"关注程度较低"的为 49.4%;问及"当政府要求学校进行某项变革时,您认为它在多大程度上了解和理解学校的实际想法"时,教师回答"程度较低"的为51.6%。①由此可见,"政府主导型"学校的变革很难顾及学校实际情况。

学校主动发展是基于校本的发展,要求学校在全面分析本校的历史与现状、优势与劣势以及校外的发展环境基础上,确立自己的办学理念、办学目标和发展任务、策略和举措,选择自己的发展主题和发展重点。如此,学校发展必然呈现出个性化的趋势,必然呈现出千姿百态、异彩纷呈的局面。

总之,倡导学校主动发展旨在通过发展方式的转变,通过学校个性化发展来勃发学校发展的精神力量、人的力量和教

---

① 李春玲.理想的现实建构:政府主导型学校变革研究[M].杭州:浙江大学出版社,2007:136.

育发展的内在力量,促进教育又好又快地发展。在一定意义上,"主动"就是最大的资源,就是最大的发展机遇,就是最大的发展力量。

# 第三节　学校主动发展的障碍

学校能否主动发展,取决于多种因素。要促进学校主动发展,从外部因素看,政府和行政部门要营造自由宽松和公平公正的环境,社会和家庭要摒弃教育功利化观念;从内部因素看,学校要弘扬主体精神,变革学校管理,提升发展能力。

## 一、学校主动发展的外部障碍

学校发展的外部障碍主要来自三个方面。一是政府对学校干预过多、过细,使得学校缺乏主动发展、自主发展的时空;二是在政府不当干预和作为下,学校发展环境有失公允,而不公平的环境又会挫伤学校发展的积极性和主动性;三是社会上盛行的功利主义倾向也会从方方面面影响学校的价值取向和行为选择,使得学校难有按照教育内在规律进行主动变革的意愿。

（一）政府对学校干预过多过细

记得在一次研讨会上,常州市教育局有位领导说了这样一句话:"学校能否主动发展,重点在学校,关键在行政。"这说明行政部门的管理是影响学校主动发展的关键因素,而事实上,行政部门对学校干预过多、过细,已成为制约学校主动发展的重要障碍。

"干预过多"主要表现在文件过多、会议过多、创建过多、检查过多。据某地级市教育局不完全统计,2019 年一年下发的文件就有 600 多个,这还不包括政府其他部门的下行文。会议过多更是常态,一位中学校长告诉我,开学的第一个月,平均每周要参加 2—4 个会议。时下,各种创建评比可谓多如牛毛。2019 年下半年,某地市级教育行政部门做了一个统计,当年,仅以学校为单位的创建高达 17 个。这些创建活动种类包括依法治校、文明校园、生态文明、科学教育、绿色校园、科普教育基地、书法特色等。此类创建还不包括以具体项目为名的创建,如党建项目、书记项目、品格提升项目创建等。学校除了要参与各种创建活动,还要迎接各类检查评比。2019 年,湖南乡村女教师李田田在网络发文《一群正被毁掉的乡村孩子》而引发的舆情事件,从一个侧面反映了学校存在检查过多现象。创建过多、检查过多,使得学校疲于应付,很难按照本来意愿而基于本校实情来进行改革创新。

干预过多还表现在,教育行政以外的其他政府部门也把学生和学校作为工作对象。这些部门主要有文明办、公安、民政、妇联、纪检、城建、科技、环保等等。如文明办涉及文明城市创建等;公安涉及安全教育、禁毒教育、防诈骗教育等;民政涉及贫困学生资料申报、经费下拨等;妇联涉及关爱女童教育、性别平等教育等。

比如,文明城市检查,有的要求学校检查周边有没有网吧,周边商店有无"三无"产品,商店烟酒等商品有没有"未成年人提醒标识"。有的甚至让学校负责校园围墙以外的环境卫生,而这些学校往往位于老旧小区里,其环境卫生很难维护。

又如,安全教育、禁毒教育,要求家长下载 App,并要经常"打卡",而这项任务交给了学校,让学校通知、协助家长完成。有的农村家长信息化水平较低,有的家庭甚至没有网络,这给学校带来很大难题。有的家长不愿意参与而向教师抱怨,给教师带来很大心理负担。

再如,纪检部门有时会开展廉洁诚信进校园活动,该活动常常要求学生参加征文比赛,而学生大多没有体验,缺乏感知和素材,无从下笔。笔者曾受聘为该活动的评委,在评比中发现,某市初中组 54 篇文章中有 8 篇明显抄袭。抄袭者可能因为实在写不出而又不得不完成任务,只好出此下策,采用不诚信的方式完成诚信教育主题征文。类似征文活动,还有关爱女孩征文、书香城市征文、乡村环境整治征文等。

"干预过细"突出表现在行政部门的考核上。考核本来出发点是引导学校发展,但由于考核指标越来越细,内容越来越多,结果变成了学校发展的"紧箍咒"。如某教育行政部门制定的对学校考核方案,涉及指标 70 多项。这些考核指标往往偏重于容易量化的显性的内容,而教育的行为和业绩很多是难以量化的。"几千年的教育史已经证明像教育这类有着宽广、多样目标,借助人与人的复杂交往,效果无法完全由主观性控制的活动，从根本上讲是不可以量化的。"①这些考核弄不好使学校"捡了芝麻丢了西瓜"。

笔者曾到过一所相对偏远的农村学校，该校热衷于搞航模比赛，而学校和家长又缺乏必要的资金，因此推进时非常困难。校长说："学校之所以要搞这个项目，是因为此项目在比赛中容易拿名次，而拿到名次，在考核评比中就能加分，分数又与绩效工资挂钩。"也就是说，这所学校之所以搞航模活动，并非出于学生和学校发展需要，而是为了考核加分。

提到行政部门管理过细，笔者联想到，有一种调研叫"开学跑面"。几乎从计划经济时代开始，每到学校开学的第一天，行政部门就会组织人员兴师动众地到各学校调研，看看有没有正常开学，有没有遇到什么特殊问题。这一活动的专有名词叫"开学跑面"。给人感觉，如果不跑面，学校就不会自己开学。其实开学第一天，学校一般都要举行开学仪式，很忙碌，这时，还要接待领导到访，汇报有关情况，造成"忙上加忙"。而且开学第一天，城市交通也比较拥堵。

笔者认为，在追求内涵发展和高质量发展的今天，在信息化高度发达的年代，集体式的、大规模的"开学跑面"并非必要。

其实，基层学校教师过重负担有时也来自教科研等部门，

---

① 高德胜. 表现的学校与教育的危机[J]. 华东师范大学学报（教育科学版），2019，37（06）：16—26.

而教科研等部门之所以活动过多,也与政府管理部门对其要求过多有关。时下,教科研等部门开展的活动过于频繁。一位校长举例说:有一位语文教师曾一周外出好几趟,去参加各类教研活动。因为是语文教师,要参加语文教研;因为是年轻教师,要参加信息技术整合活动;因为是班主任,要参加综合实践教研活动;因为还上思品课,还要参加思品教研活动。活动太多不能把更多的精力用在教学上,回来后还要补课,造成教师身心疲惫。而这些活动未必都有质量,但每搞一项活动,主办方都希望有人气、有场面。

生命如果没有受到强烈的外界因素影响,有某些机制使内环境保持动态的稳定性。学校是一个复杂的自组织生命系统。如果把学校当作生命有机体,就应该信任学校,把发展的主动权还给学校,减少对学校的控制和直接管理,"这意味着(行政领导者)从控制型思维方式到生长型思维方式的转变,只有这样,学校教育的自然演化才能适应环境的急剧变化"①。

(二) 学校发展环境有失公允

自组织形成需要一定的环境条件,这种环境条件包括持续的达到系统自组织(涌现)阈值的物质、能量和信息的输入。"这种输入必须是公平的输入,任何不公平的输入都会对自组

---

① [美]卡罗琳·J.斯奈德,等.生活在混沌边缘:引领学校步入全球化时代[M].郑旭东,丁煜,李曙华,译.北京:教育科学出版社,2011:48.

织过程形成干预和破坏。"①学校主动发展有待政府支持,有
待政府营造公平的发展环境。笔者曾于 2018 年对部分校长
进行了访谈。访谈中,一些校长认为,既然倡导学校主动发
展,那么教育行政部门应该营造一个公平的发展环境,这样才
能调动所有学校的办学积极性。而现实中,学校之间在经费、
师资、生源配置等方面存在诸多不公平问题。

1. 经费投入方面

一般来说,窗口学校、名校除了区位、办学硬件条件优于
其他学校外,日常办学也会得到较多的经费支持。经费投入
不仅存在多寡不均的问题,在投入方式方面也存在问题。目
前,日常办学经费投入主要依据学校学生人数划拨,而有的学
校人数较少,如果只按生均公用经费拨款,学校很难运作。如
有一所学校不到 400 人,校长坦言,暑期培训想请一个专家做
报告,都没有经费。又如,有校长反映,学校生源质量较差,想
在学生个性发展和全面发展方面开发一些课程,引进一些项
目,但受制于经费短缺,只能作罢。

2. 师资配置方面

通常情况下,师资配置会向名优学校倾斜。如某教育行
政部门对参加统一招聘考试录取的新教师按考试成绩排名分
配到不同学校,成绩排名靠前的分到名校,排名靠后的分到薄

---

① 黎明.复杂性管理策略之一:培育自组织[J].领导科学,2013
(14):52—53.

弱学校。有的地方,名优学校在招聘教师时会有优先挑选权。有些地方政府为了做强某些窗口学校,还会默许甚至支持名优学校从普通学校选调优秀教师,收割薄弱学校的"韭菜"。

值得注意的是,为了推进教育均衡,教育部和省教育厅出台了教师流动政策,如教育部规定义务教育阶段城镇学校、优质学校每学年教师交流轮岗的比例不得低于符合交流条件教师总数的 10%,其中骨干教师交流轮岗应不低于交流总数的 20%。而这些政策在落地时会大打折扣,甚至会出现通过教师交流轮岗,薄弱教师越来越多地流向普通学校,优秀教师却越来越多地流向了名优学校,导致强者越强,弱者越弱。

3. 生源配置方面

学生既是学校主动发展的对象,也是学校主动发展的重要力量,可以说,好的生源是学校发展的重要"红利",甚至是第一"红利"。现实中学校生源配置不够均衡。在招生方面往往存在名优学校和民办学校掐尖现象;在学区划分方面优质生源会向名优学校倾斜,农民工随迁子女,由于大多没有学区,一般会被分派到薄弱学校。

生源配置不均衡不仅影响薄弱学校的发展,也对区域教育整体发展造成不利影响。调查发现,民办学校过多的区域,由于公办学校办学积极性降低,其区域教育整体质量反而会出现下滑。一位老校长做了这样一个比喻:假如有 100 个优秀学生被掐尖到名优学校,这些学生将来学业成功的可能只有 80 人左右;但是如果这 100 个学生放到普通学校,在这些优秀学生的带动下,可能会有 120 个学生获得学业成功。这种假设虽然缺乏实证研究支持,但教育常识告诉我们,该假设不是没有道理。因为正如前文中指出的,学生是重要的教育资源,学生的成长不仅要靠好的教师、好的学校环境,也要靠身边优秀学生的引领和带动。

此外,行政部门在制定一些政策和制度时,也存在不公现象。在一些评审活动中,行政部门有时会缺乏调研,不了解实际情况而简单地搞平衡。比如,有校长反映,某区教坛新秀名额的分配,一味按照学校教师总数来确定名额。而事实上,各校教师年龄结构差异很大。有的学校新教师很多,有的学校新教师很少。如果不是按照新教师比例来分配名额,新教师很少的学校必然会沾光。

学校发展环境不公允的一个重要根源在于,我们总是热衷于把学校分成三六九等。例如,高等教育之前有一本、二本、三本院校之分;有"985""211"工程,现在又有"双一流"建设。这种分等分类使得普通院校毕业生在就业和升学时备受歧视。尽管中央一再强调要破除"五唯"顽瘴痼疾,但收效一直甚微。主要问题是因为有这种"分等分类"的存在。虽然基础教育的分等分类现象没有像高等教育那么明显,但实际上还是或明或暗地存在。有了分等分类,就会在资源配置上依据位次区别对待,造成越是好学校越能得到更多的支持,以至于出现教育发展的"马太效应"。

深圳大学原校长章必功曾有言:"中国教育最大的弊端,

是把学校分成三六九等。"①此言可能有些过激,但笔者认为,人为地把学校进行分等分类,贴上优劣标签,是导致学生升学压力加大,引发全社会教育焦虑的一个重要原因,也不利于学校之间公平竞争。况且,"等级排位(只是)导致快速修理性措施,而不是尽心于系统性的变革"②。这种等级排位,可能调动了部分学校的办学积极性,提高了少数学校的办学质量,但往往以挫伤普通学校办学积极性、牺牲区域教育整体办学水平为代价。用迈克尔·富兰的话说,这种发展模式使教育"赢得了战役却输掉了战争"③。

(三) 社会传统观念中的教育功利化

恩格斯指出:"传统是一种巨大的阻力,是历史的惰性力。"④我国文化传统中存在"学而优则仕""书中自有黄金屋、书中自有颜如玉"的实用主义思想。这种实用主义思想根深蒂固,是产生应试教育的重要根源。这种实用主义思想也是长期以来社会现实的反映。在我国,自古以来,人的经济和社会地位与其受教育水平高度相关。时下,伴随改革开放的深入和经济

---

① 搜狐网.深圳大学原校长章必功:划圈子育人是计划经济思维[EB/OL].(2017 - 09 - 25)[2020 - 12 - 24].https://www.sohu.com/a/194520004_126758.

② [加]迈克尔·富兰.变革的力量——深度变革[M].中央教育科学研究所,加拿大多伦多国际学院,译.北京:教育科学出版社,2004:107.

③ [加]迈克尔·富兰.教育变革的新意义[M].赵中建,等,译.北京:教育科学出版社,2005:156.

④ 马克思恩格斯选集:第三卷[M].北京:人民教育出版社,1995:717.

的不断发展,我国在不同行业之间、不同职业群体之间存在收入差距过大问题,这种问题更是使人们坚信"教育改变命运"的观念。当人们把教育当作改变命运,获得社会地位的最重要工具时,无疑会强化教育的工具性价值,助长教育功利化倾向。

同时,"我国社会生活中存在把功利作为考察、评判、衡量一切事物优劣、好坏、善恶、美丑标准的'泛功利化'倾向。一切图名、图利、图钱、图快,待人处事一切视回报而定的功利化社会心态,已经给我们社会肌体的方方面面造成了现实的损害"[①]。这种功利化社会心态也严重影响人们对教育的态度,加剧了教育的功利化。

教育功利化又影响社会人才观和教育评价观,导致社会用人"唯学历是举""唯出身是举",导致教育评价出现"唯分数、唯升学、唯文凭、唯论文、唯帽子"现象。这些现象使得学校办学急功近利,使学校很难按照人的发展、按照教育的内在规律进行主动变革。

## 二、学校主动发展的内部障碍

学校能否主动发展,既依赖于外部环境,更依赖于学校主观因素和内部条件。其中最重要的是,校长和教师要有主动变革的精神和勇气。事实表明,面对变革和创新的挑战,学校校长和教师主动变革的意识和精神比较缺乏;学校管理模式

---

① 李玉滑.  "功利化"心态要不得[N]. 光明日报,2011-12-05.

比较陈旧,缺乏活力,难以激发师生变革的主动性和创造性;学校教师和学生参与学校变革的能力、学校组织和团队建设能力、校长领导变革的能力等亟待提升。

（一）学校主体精神有待唤醒

长期以来,人们认为学校的主要功能是传递固有文化,维系传统价值,所以,与其他组织相比,学校更容易趋于保守,缺乏变革的主动性和积极性。诚如联合国教科文组织报告——《学会生存》中指出的:"教育体系具有相当大的惯性。如果我们认为,教学的功能是使社会再生,那么我们就不应该忘记,从遗传学上来说,一种再生体系的原始性质是尽可能确切地和忠实地再生它的类型。"因此,出于"巩固现有的结构并促使个人按照现有的社会从事生活。所以教育本身是保守的"。[①]问题是"当我们处于稳定社会,我们的经验也适于解决未来的挑战之时,学校可以保持其稳定的、保守的组织形态。然而,世界已不再稳定"[②]。当今,社会的复杂性在不断增强,社会的变革在不断深入,教育的功能在不断拓展,在此背景下学校在传承文化的同时,还应该助推和引领社会的发展,成为社会变革的先导。

学校变革的关键人物是校长,可是,校长对学校变革的态

---

① 联合国教科文组织,国际教育发展委员会编著. 学会生存[M]. 华东师范大学比较教育研究所,译. 北京:教育科学出版社,1996:85.

② [挪威]波尔·达林. 理论与战略:国际视野中的学校发展[M]. 范国睿,译. 北京:教育科学出版社,2002.

度很大程度上是保守的。数量众多的学校变革实践项目的研究结果显示,尽管人们赋予学校校长以更多的、更积极意义的期待,但实践中的学校校长往往是更多意义上的"守门人"角色。例如,莱姆研究发现:"传统上,全世界教育系统中的校长都扮演着稳定的代理人角色,而不是变革的代理人。"①当然,现实中,不同的校长对待变革的态度并非完全一致,但出于追求个人利益,出于逃避外在各种压力和风险等多方面因素考虑,很多校长会安于现状,相对保守。

学校变革的主体是教师。"作为现实实践者的教师至少具有两种身份属性:'教师'和'变革者'——作为教师的变革者,或作为变革者的教师。现在的问题是,教育实践中广大教师群体似乎并未明确意识、认识乃至理解到这种身份属性尤其是作为'变革者'的力量存在。"②而只是把自己定位在执行者和操作者角色。"教师主体性的缺乏,造成教师对国家课程文本的'职业依赖症'。"③因此,要促进学校主动发展,使教师成为变革的主体,迫切需要唤醒教师的自我意识和主动意识,引导教师超越单纯的实践者和执行者的角色,努力成为一个主动变革的行动者。

---

① 孙翠香.学校变革主体动力研究[D].华东师范大学,2010.

② 刘远杰.学校教育变革的历史逻辑:教师的力量[J].教育学术月刊,2020(05):22—31.

③ 石鸥.教育困惑中的理性追求[M].长沙:湖南师范大学出版社,2005:217.

（二）学校管理模式有待创新

南京师范大学吴康宁教授认为,学校管理的首要任务是激活,包括激活教师,激活学生,激活学校环境。这里的激活,在一定意义上就是促进学校主动发展。"就中国当下而言,学校管理的主要问题不是缺少约束,而在于约束太多,缺少激活。"①而之所以约束过多,激活不足,很大原因在于学校管理模式趋于封闭和保守。

现行的学校管理体制主要采用"科层制"。"科层制"顾名思义就是分科分层管理,就是按照组织不同职能进行分科,按照权力大小进行分层。其主要优点是成员分工明确,职责清晰,组织指令畅通,便于对成员进行控制,有助于形成稳定秩序,提高工作效率。但其缺点也显而易见。

一是组织结构封闭。学校条块分割,部门之间、学科与学科之间缺少沟通,难以进行信息交互。而"变革的程度与教师间互动的程度以及他人所提供的技术帮助密切相连"②。与此同时,学校与外界也很少互动,很难利用外界的有效资源;而"成功的组织总是将内部解决问题的能力和对外部知识的

---

① 吴康宁. 激活:学校管理的首要任务[J]. 教育视界,2017(05):4—5.

② [加]迈克尔·富兰. 教育变革的新意义[M]. 赵中建,等,译. 北京:教育科学出版社,2005:131.

涉猎与思考联系起来"①。

二是决策主体单一。科层制使权力过于集中，教师和学生缺少参与机会。如某研究表明，从整体而言，(初中)教师参与学校决策的较少，实际水平与期望水平间存在非常明显的差距。这主要表现在四个方面。②

（1）在"专业权力"范围内，教师实际参与程度约为22.04%，而期望参与程度约为51.27%；

（2）在涉及"教师利益"方面的决策问题，教师实际参与程度约为17.04%，而期望参与程度约为49.71%；

（3）在学校发展方面，教师实际参与程度约为13.70%，而期望参与程度约为51.56%；

（4）在其他方面，教师实际参与程度约为5.62%，而期望参与程度约为29.34%。

三是信息传递单向。科层制就像一个金字塔，等级分明，其指令和信息主要通过自上而下的管理机制逐级逐层传递，管理层很难听到教师和学生的声音，因此不利于民主决策。总之，学校要主动发展必须变革学校管理，使管理从"控制"走向"激活"。

---

① ［加］迈克尔·富兰.变革的力量：续集［M］.中央教育科学研究所，加拿大多伦多国际学院，译.北京：教育科学出版社，2000：246.

② 林丹，蒋典阳.初中教师参与学校决策的问题与对策探析［J］.中国教师，2012(14)：30—34.

（三）学校主动变革的能力有待增强

学校主动发展，不仅需要意识和精神的觉醒，还需要能力作为支撑。学校能力包括多个方面，纽曼等人认为，学校能力主要包括教师的知识、技能和态度，专业共同体建设，计划的一致性，技术资源和校长领导。[①] 以下试根据纽曼对学校能力的分类来分析学校主动发展能力现状。

1. 关于教师能力

教师是学校变革和发展的主体，教师的专业水平决定着学校变革和发展水平。面对学校变革的挑战，教师素质有待提高。

一是教师"入口"质量不高。由于教师待遇相对较低、师范院校毕业生就业面窄等原因，优秀学生一般不太愿意选择报考师范专业。近年来，不断有新闻报道，一些著名大学的毕业生到中小学任教，给人感觉教师行业受人青睐。其实，这些名校毕业生趋之若鹜的中小学一般是经济发达地区的重点学校。总体上，中小学教师岗位对优秀大学毕业生缺乏吸引力。

二是教师结构性缺编现象比较严重。受应试教育的影响，学校有限的教师编制一般会倾向于考试学科，音、体、美等专业课教师相对较缺，造成学科结构不合理。如现在小学艺术学科教师大多是语文等学科教师兼任。

---

① ［加］迈克尔·富兰. 教育变革的新意义［M］. 赵中建，等，译. 北京：教育科学出版社. 2005：154.

三是忽视教师整体发展。近年来各地加大了教师职后培养力度，但这种培养比较注重精英人才，对普通教师培养力度不大。① 其实，广大普通教师才是教育历史的真正创造者。

另外，由于各种原因，教师变革的积极性不高。"就目前的研究结果来看，教师在学校变革中一般是作为阻力而存在的。教师在面对学校变革的时候多数并不是采取激烈的、明显的对抗策略，而更多的是一种隐性的、消极的不合作。"②

2. 关于专业共同体建设

"成功变革的一个关键要素是相互关系的改进，更准确地说就是注重团队的发展。"③无论是教师个体的专业发展还是学校集体知识的传播、分享和创造都离不开共同体建设。但当前中小学教师共同体建设存在诸多问题。比如，对共同体内涵理解不深，形式主义严重；缺乏良好的合作文化，教师之间合作意愿不足；缺少合作平台和途径，合作范围不广，一般局限于本学科、本校和教育领域；教师工作量大，时间紧，共同体意义上的活动偏少。这些都影响着教师专业共同体建设的质量和效果。

---

①　鲁兴树. 教师不需要标签化成长[N]. 中国教师报，2017 - 10 - 11（003）.

②　周琳琳. 学校变革中教师阻力的实证研究[D]. 东北师范大学，2013.

③　[加]迈克尔·富兰. 教育变革的新意义[M]. 赵中建，等，译. 北京：教育科学出版社，2005：4.

### 3. 关于计划的一致性

学校变革不是无序的,需要制定变革方案,选择和确立各种变革项目,但是由于外部干预过多、学校自身缺乏系统思维方式等原因,学校变革往往缺乏整体设计和持续推进。正如迈克尔·富兰所说:"我们面临的挑战是,以连贯一致且含深层意义的改革计划来替代那些表面化且相互脱节的变革循环。"①

当下,行政管理有句流行语,叫作"项目为王"。很多管理部门都热衷于开展各类学校发展项目申报、评选、展评等活动。如此一来,出现项目过多、过滥现象。由于项目评选、展评过于频繁,过去的项目又不能再次参加申报和展评,学校又不得不想方设法创造新的项目,造成旧的项目还没来得及完善和进一步创新,又开始设计和实施新的项目。这种现象好似儿童故事里的"小熊掰苞米",掰了一个新的,就扔掉一个旧的。在这种情况下,学校变革项目虽然很多,收效却甚微。

### 4. 关于技术资源

学校主动发展离不开资源的支持。这里的资源包括资金、设备、时间、空间资源,也包括各种专业技术和理论支持。学校变革极其复杂,从变革内容看,涉及思维方式、理念、态

---

① [加]迈克尔·富兰. 教育变革新意义[M]. 赵中建,等,译. 北京:教育科学出版社,2005:28.

度、技术、行为;从变革领域看,涉及管理、德育、课程、教学、活动、文化建设;从变革范围看,涉及校内整体变革、单向变革、学校与社会关系的变革等等。从变革策略看,涉及开放系统策略、学习型组织策略与关键问题策略。① 学校变革一方面极其复杂,另一方面又极为迫切,因此亟须加强理论研究。

从文献看,我国关于学校变革研究比较缺乏。笔者在查阅有关文献时发现,国内有关学校变革研究的原创性相对不足。其表现之一,目前,学校变革研究引用的文献大多是国外专家所著。如引用频率比较高的有迈克尔·富兰的教育变革三部曲——《变革的力量——透视教育改革》《变革的力量:续集》和《变革的力量——深度变革》及《教育变革新意义》。

笔者于 2020 年 12 月 24 日在中国知网主题词一栏键入"学校变革"一词,结果显示:在"主要主题"一栏里,中文"学校变革"有 378 条,而英文"school reform"有 727 条。在"次要主题"一栏里,中文"学校变革"有 208 条,英文"school reform"有 578 条。从知网所载的文献似乎可以看出,有关学校变革文献,国外多于国内。另外,从文献发表年度趋势看,2015 年,学校变革研究 350 篇,为最高点,随后呈下降趋势,2020 年仅为 200 篇。

这些数据从一个侧面、从一定程度上反映有关学校变革

---

① 贺新向.国外学校组织变革理论发展及启示[J].外国中小学教育,2015(06):32—37.

的研究,国内相对较弱,且近年来呈现下降趋势。理论研究的缺乏也折射出实践研究的不足,这更加表明,学校变革迫切需要理论指导。另外,基层教育科研部门,一般比较重视教育微观领域的研究,如课堂教学、课程改革和课程建设等,而比较忽视教育中观领域的研究,如学校变革、学校发展规划等。

总之,学校主动发展迫切需要理论资源和专家资源。正是意识到这一问题,常州市教育局在启动学校主动发展工程之初,委托上海市教科院分别举办了现代学校制度校长和教育行政人员专题研修班。2008年,他们又以区域为单位引进了华东师范大学叶澜教授领衔的"新基础教育"研究项目。因为该项目涉及学校整体变革研究,对推进学校主动发展具有重要借鉴和指导意义。近年来,常州市教育局又与上海市教育科学研究院普通教育研究所等单位合作,委托他们参与学校发展规划指导、论证和评估,以提高规划研制水平。

5. 关于校长领导

校长是变革的"掌门人",校长的变革领导力是学校变革的关键。实际上,对照学校主动变革的要求,校长的变革领导力亟待提升。笔者在翻阅多篇学校发展规划文本时发现,学校发展规划中涉及学校管理变革的微乎其微,这说明校长对管理变革重视不足。其实,学校改革改到深处必然涉及管理。因为管理具有推进变革的作用,还具有育人功能。"如果想要提高教育的质量,就必须将着眼点由课堂层面转向组织层面,并着力改善学校系统和学校管理。"①笔者正在主编一本地方教育杂志,为了鼓励校长写稿,特意开设了管理栏目,可是这个栏目稿源总是缺乏。这些现象从一个侧面反映校长缺乏对学校管理、对变革理论的学习和思考。

笔者在查阅有关校长培养文件中发现,地方主管部门比较重视人的实践经历,重视多岗位锻炼,重视校长的学科专业特长,但对校长作为管理和领导者的专业素养似乎并不重视。如某地提出校长双培养方案,即要求校长后备干部和现任校长一定要有学科专长。其实,有学科专长的人并非一定适合管理岗位,也并非一定对管理感兴趣。另外,现在的校长一般会很注重依托学科教学来获得晋升,因为学科有成熟的晋升体系,而校长岗位则没有。尽管有些地方推出校长职级制,但其体系和培养制度并不成熟。

此外,学校主动变革的能力还应该包括学生参与能力。因为学生不仅是学校变革的受益者,也应该是学校变革的重要推动力量。学生的变革能力有待学校培养。"一是学生应树立学校发展自我责任意识,端正为学校变革服务的态度,主动参与学校变革,抓住参与机会。二是学校管理者可加大投入,为学生提供形式多样、灵活多变的参与学校变革的平台和机会。当然,这些平台和机会不能只为达到学校管理的目的,

---

① 冯大鸣.美、英、澳教育管理前沿图景[M].北京:教育科学出版社,2004.

更应为了锻炼学生的参与能力。当学生会参与变革、能参与变革了，变革的计划、实施才会更有效。所以，学生对学校变革的参与，不仅要赋其权，更要增其能。"[1]

# 第四节　推进学校主动发展的策略

结合常州教育局的做法和经验，笔者认为，推进学校主动发展的主要策略有以下几个方面。

## 一、以制定和实施发展规划为载体

推进学校主动发展首先要把发展决策权还给学校，让学校在宏观政策引领下，结合自身实际，确立自己的教育哲学，并在此基础上规划自己的发展目标、发展任务、发展内容，制定变革策略和举措，并向政府等管理部门提出保障需求。对此，制定学校发展规划，无疑是一个很好的抓手。因为制定学校发展规划过程正是学校战略决策、学校发展整体建构的过程。

制定学校发展规划，有助于清晰学校办学理念和发展愿景，有助于凝聚人心，集聚各方智慧，调动全体师生参与办学的积极性和主动性，是学校主动发展的重要"引擎"。同时，学

---

① 李伟,唐圆,熊冰. 学生立场:学校变革的基本价值取向[J]. 教育科学研究,2016(08):11—17.

校发展规划又能为政府管理部门了解学校的办学意愿、办学追求、办学策略和资源需求，以便有的放矢地支持和服务学校发展提供一个重要文本，有助于教育行政部门以学校发展规划为中介对学校实施间接管理，促进教育行政部门转变管理方式。①

常州市教育局于 2003 年开始在中小学启动制定和实施学校主动发展规划活动。学校主动发展规划，一般以 3 年为一个周期，目前大部分中小学正在进入第六轮学校发展规划时期。他们强调发展规划必须体现"主动发展"特质，体现前瞻性、创造性和可持续性，尽可能发挥规划研制和实施的过程价值。

## 二、以转变行政职能为重要保障

学校能否"主动发展"，关键在于教育行政部门能否转变行政职能，优化管理方式，营造有利于学校主动发展的环境。为转变行政职能，优化管理方式，政府应该做好角色定位。

（一）把握方向不错位

政府对教育的职能主要是把握发展方向，规划教育布局，提供资源保障，开展质量监管，规范办学秩序。这些职能，政府一旦把握不当就会出现错位现象。比如，发展方向决定着

---

① 韩涛.学校发展规划的过程价值[J].人民教育,2005(18):14—16.

教育能否健康发展,能否增进社会公平与正义,能否培养国家合格人才,涉及"教育为了谁""办什么样的教育"。如果政府只把教育当作经济发展凸显政绩的手段,教育发展方向就必然异化。时下有的地方政府为抬高房价,热衷于建设热点学校、重点学校,而置教育均衡于不顾;有的地方政府仍然以升学率和分数作为评价学校办学业绩和校长升迁的主要依据,致使学生学习负担过重。又如,规划学校布局不仅影响教育自身发展,也影响着城市人口布局,影响着未来城市经济和社会发展格局。现实中教育布局往往滞后于经济和其他社会事业的布局,这样一来,不仅影响教育协调发展,也加剧了城市人口向中心区域集中,造成中心区域学位难求、房价偏高。

(二) 减少干预不越位

"历史上成功的学校变革大多是以学校管理者为中心、学校所有成员共同参与的结果,这是一个虽然面临诸多不确定性但又充满创造、非常个性化的事情,尤其是在积极倡导'教育家办学'的时代更是如此。"[1]行政部门应该把学校当作能够自我演化自我发展的"自组织"系统,应该摆正与学校的关系,尽可能地变直接管理为间接管理,变具体管理为宏观管理;尽可能转变角色,从"划桨者"到"掌舵者",再向服务者转变;尽可能把更多的精力用于为学校发展营造公平公正和宽

---

① 凡勇昆,邬志辉. 政府与学校变革关系的类型研究[J]. 现代教育管理,2014(01):27—33.

松的发展环境，营造良好的教育生态，而不应该把自己当作"大管家"，更不能把自己当作一个专门的评估机构，沉迷于开展各种检查、评比活动。

行政部门要确立正确的政绩观，不能单纯地以参与活动多少代替政绩，不能一味以参与面来衡量工作实效。比如，安全教育打卡，不能简单地以家长注册数量和打卡次数来说明工作成效。教师的发展不能以参加培训次数和科研活动的量来代替真实的发展状况。其实，教师的发展很大程度上是自造的过程，与其让教师花费大量时间参加活动，还不如留更多的时间静下心来看看书、踏踏实实上好课。学校需要安静的发展环境，学校发展在很多情况下需要"无为而治"。

（三）严格管理不缺位

现实中，政府部门一方面对学校干预过多，管得过细、过死，另一方面又存在管理缺位的现象，即不该管的多管，该管的少管或不去管。比如，学校为抢生源提前招生、学生在校时间过长、学生课业负担过重、学校课程计划落实不到位等问题一直难以解决，部分原因在于行政部门管理不到位、监督不力。而管理不力，很大程度上与管理者有如此心态有关，即与其得罪人，不如搞搞评优评先，给学校送送奖牌，这样皆大欢喜。对待学校变革，政府管理部门也存在缺位现象。在学校变革的过程中，政府的角色更多的只是"倡导者"，一般只关注变革的启动，不去关心变革有没有过程；只关注变革形式，不去关心变革有没有实质行动。

### （四）主动服务常补位

政府在管理过程中不仅要不缺位,而且还要主动补位。眼下,政府衙门作风、服务不够主动现象仍然常见。比如,有一所学校,由于教育布局调整,生源大幅度增加,急需增补大量师资,但该校领导因面临要调离岗位,无心为学校争取补给新教师,结果到新学年开学时,新校长发现教师严重短缺,而这时,已错过行政部门集中调配教师的机会,工作非常被动。试想,如果教育人事管理部门能主动根据各校师生变动情况及早做好调配计划,急各校之所急,想各校之所想,主动与学校沟通,就不会出现如此窘境。

## 三、以提升发展能力为重要依托

学校"主动发展"与学校发展能力提升是同期互动的关系。学校有了"主动发展"的意识和行为有助于提升学校发展能力,而学校发展能力提升又是学校"主动发展"的必要条件。学校变革如果"只有高的期望而没有能力……(那将)纯粹是一张过度负担的处方"[①]。

学校发展能力是一个很宽泛的概念,前文提到纽曼等人的观点,他们认为,学校能力主要包括教师的知识、技能和态度,专业共同体建设,计划的一致性,技术资源和校长领导。

---

① 张爽.校长领导力:背景、内涵及实践[J].中国教育学刊,2007(09).

这种能力结构包括教师和校长的个体素质，教师之间的合作能力、学校发展规划能力、学校办学条件以及校长领导力等。据此，笔者认为，学校发展能力，除了学校办学物质条件之外，可以分为个体发展能力和学校组织的整体发展能力。学校个体发展能力主要包括教师、校长、学生的素质。学校组织整体发展能力包括个体能力，但不是个体能力的简单相加。

迈克尔·富兰在《变革的力量：续集》一书中指出，学校要培育三种力量，即智力的力量、政治的力量和精神的力量，并强调要将三种力量进行有机融合。借鉴富兰的观点，笔者认为，提升学校组织整体发展能力可以从培育这三种力量入手。①

学校智力的力量主要指学校组织的知识吸收、创新和传播的力量。这里的知识也并非一般意义上的狭义知识，而是类似于经合组织提出的广义的知识。这种知识不仅包括事实性知识，还包括原理性知识和程序性知识等。学校智力的力量是学校变革和发展的重要基础。学校既要担当传播知识、发展学生智力的任务，学校组织本身的运作、变革和发展也需要知识和智力的参与。

学校智力的力量既取决于个体知识（包括思想、技能等），也取决于组织内部个体之间以及组织与组织之间的知识交互与传播；既取决于学校组织知识的储量，更取决于组织知识不

---

① 鲁兴树.培育学校变革的三种力量[J].江苏教育研究,2018(34):10—13.

断更新的能力。学校应该通过培育个人主见来丰富集体智慧来源,因为只有每个个体有自己的主见,整个组织才会有智慧。用布洛克(Block)的话说,就是个人的见解"带着我们对机构及其工作方式的怀疑从暗室里走出来"①。学校还应通过打造合作文化,搭建教师交流对话平台,构建良好的知识传播和分享机制来放大学校组织的整体智力。

学校政治的力量,在一定意义上就是学校治理的力量,因为政治本身具有治理的含义。所谓政治,《中国大百科全书》中的一种解释是:"城邦中的城邦公民参与统治、管理、斗争等各种公共生活行为的总和。"孙中山认为:"政就是众人之事,治就是管理,管理众人之事,即是政治。"时下,我们强调用"治理"代替"管理",在一定意义上就是要回归这种政治本义。

学校政治的力量表现在"把各方不同的改革力量有机结合起来,形成一种更全面、综合,因而也是更有力的改革政策"②;表现在建设高质量的人际关系,调动和集聚学校的不同力量;表现在为学校教职工投入教育教学改革创造各种机会和开辟广阔的自由探索空间。学校可通过建立核心价值观,用核心价值观、共同愿景来凝心聚力;通过变革组织结构,

---

① [加]迈克尔·富兰. 变革的力量——透视教育改革[M]. 中央教育科学研究所,加拿大多伦多国际学院,译. 北京:教育科学出版社,2000: 22.

② [加]迈克尔·富兰. 变革的力量:续集[M]. 中央教育科学研究所,加拿大多伦多国际学院,译. 北京:教育科学出版社,2000:278.

为广大师生参与变革搭建各种平台，进而整体放大学校变革的领导力。

学校精神的力量，也即道德的力量，是指价值和意义系统，主要由道德目标引发，它决定着变革的方向。道德目标涉及学校"为什么要变革""为了谁而变革"。学校变革首先要确立道德目标，通过道德目标来端正变革动机，导引学校变革方向，使学校变革能去功利，致"良知"。否则，变革就会失去正确航向，甚至会背道而驰，这也就是为什么富兰会说"道德目标是治疗愚蠢的一副解药"①。

道德目标能赋予变革以意义感，蕴含着变革的动力。"现代性学校的内在基质之一就是变革的'动力内化'，教育工作者不是依靠外部的行政命令、福利待遇而开展变革，而是为了自身的价值追求，为了提升个体的生命质量，为了自己从事的职业的内在尊严与欢乐而投入改革之中的。"②学校要通过道德目标来唤醒教师变革的责任感和使命感，激发学校变革的内在力量。

按照富兰的观点，上述三种力量缺一不可，且需要相互融合。"没有道德目的的思想和观点一毛钱一打——多得是，而

---

①　[加]迈克尔·富兰.变革的力量——透视教育改革[M].中央教育科学研究所，加拿大多伦多国际学院，译.北京：教育科学出版社，2000：13.

②　吴遵民，李家成.学校转型中的管理变革——21世纪中国新型学校管理理论的构建[M].北京：教育科学出版社，2007：194.

没有思想或观点的道德目的虽华丽却不中用。没有思想或道德目的的（政治）力量是僵死的力量；而没有（政治）力量的道德目的或思想则意味着火车永远无法驶出站台。"①通俗地讲，精神的力量是方向和动力。没有精神的力量，智力的力量和政治的力量都有可能会走偏，而且会减小。智力的力量是实体性的力量，没有智力的力量，精神的力量和政治的力量就没有实质支撑。政治的力量则具有"放大器"的功能，它主要通过组织结构和治理方式的变革，激活和放大组织的各种力量。

## 四、以开展创意设计为重要支撑

设计，是既古老又非常现代的一个词。说它古老，因为设计，作为人类一种创造性行为，自古有之。英文里的设计"design"一词，最早可追溯到拉丁语"desegnare"，其意为"画记号"。古汉语中的"设计"，最初有谋划之意。说它现代，因为随着时代的进步，"设计"的内涵不断丰富，"设计"的对象和领域日益多元，"设计"活动越来越普及。

教育业对于"设计"并不陌生，如教师每次上课都要进行教学设计；但"设计"在教育业的运用，无论在广度还是在深度上亟待加强。一是因为教育本身是一项极具复杂性的活动，

---

① ［加］迈克尔·富兰. 变革的力量：续集［M］. 中央教育科学研究所，加拿大多伦多国际学院，译. 北京：教育科学出版社，2000：289.

而且随着时代的发展,教育的复杂性和改革的艰巨性越来越大,也就是说,教育工作的有效推进将越来越依赖于创造性设计。二是因为当今时代不同于工业时代。工业时代,个人只是系统的零件,多数人掌握专项技能从而专门从事某项加工类重复性工作直至退休。换句话说,工业时代需要的是熟练的技能,只有极少人从事创造、策划及管理工作。随着信息化、全球化的到来,每个人都是"造物者",都是"普罗米修斯"。在这样的时代,教育更需要设计。

设计是一种有目的的创造性活动,在教育工作中开展创意设计有助于发挥教师的聪明才智,使"创造"成为教师的工作方式。不仅如此,开展教育发展创意设计还具有以下价值。[1]

一是放大教育活动的过程和整体价值。过程是事物的存在和展现方式,离开了过程,事物不可能存在,也无法变化和发展。在现实工作中,我们往往把"过程"简单化,甚至走过场,忽视了活动的过程价值和整体价值。而其实"过程即实在",对于教育活动来说,做实"过程",才能取得活动应有的价值。

举例来说,2013年3月,当获知《第56号教室的奇迹》的作者、曾获"全美最佳教师"称号的雷夫·埃斯奎斯将来常州

---

[1]　鲁兴树.不可或缺的设计思维[N].中国教师报,2018 - 10 - 10 (015).

演讲时,便想着如何将雷夫演讲活动的价值最大化。笔者想到,除了要对演讲内容和形式进行精心设计外,更重要的是,怎样将这一活动进行"前延"和"后续",以便放大其过程价值。雷夫6月来常州,笔者于5月拟发《关于开展"对话雷夫,走近56号教室"征文评选活动的通知》。此举,一则是为了提前告知广大教师雷夫要来常州这一信息,提前启动活动宣传;二则是为了让教师通过多渠道了解雷夫,以便到时能带着问题,带着完成征文的任务有针对性地听雷夫演讲,与雷夫对话。等雷夫离开后,广大教师开始撰写活动感悟和收获,参加征文评比。8月,征文活动结束,公布评比结果。雷夫本来在常州只待了2天,而采用了如此的设计和安排,雷夫活动在常州市教育界的影响持续了4个月之久。这样做,无疑放大了雷夫演讲活动的过程价值。

二是放大和提升教育活动的育人价值。开展教育工作,免不了要开展丰富多彩的教育活动,那么,怎么让活动凸显育人价值?该开展什么样的活动才具有教育意义?这就离不开设计和策划。上海市曹杨二中有一个经典活动——"南京生存训练",该活动起源于20世纪90年代。刚开始,该项活动只是以"吃苦耐挫"为主要目的的生存训练。后来,经过教育学设计,该项活动变成以"吃苦耐挫""思想道德教育"为主要目的的社会考察。再后来,该项活动又成为以"思想道德教育""吃苦耐挫训练"以及"研究性学习"为目的的综合性社会实践。目前,该项活动成为该校德育的品牌。同样是"生存训

练",经过教育学意义上的设计和不断加工、完善,使活动的内涵不断丰富,教育价值不断拓展和提升

三是创新教育科研方式。围绕教育工作开展创意设计,应该是传统学校教育科研的有益和有效补充,是学校教育科研方式的创新。传统学校教育科研主要从现实问题出发,以解决现实问题为导向,而创意设计主要是基于对未来的期许,以超越现实的理想目标为导向,更容易激发教师的参与热情。

传统教育科研主要以课题的形式进行,而课题研究需要经过申报、立项、评审等一系列程序,过程较为烦琐,而结合自己的工作进行策划和设计则更为便利,更为灵活。传统科研课题内容较多地集中在教学和课程领域,而类似于学生活动、文化建设、学校管理等领域的有些内容,科研课题则很难涉及。

比如,常州市第二实验小学利用学生崇拜偶像的心理特点,为了引导学生形成正确的价值观,提高德育的有效性,曾设计、开展了"学生形象代言人评比"活动。这一活动,无论是从内容还是从活动周期来看,恐怕不宜用传统课题研究的形式进行。此外,传统科研的成果表达主要以论文形式呈现,而"设计"则可以用说明文形式表达,其表达形式,教师更容易把握,更能体现操作性。

可以说,设计是激发学校创造活力,促进学校变革,提升教育质量的重要抓手。为此,常州市教育局把开展学校发展中的创意设计作为推进学校创造性落实发展规划,促进学校

主动发展的重要抓手,每隔两年举行一次学校主动发展创意项目评比活动。

## 第五节　学校发展规划的过程价值[①]

制定和实施学校发展规划是学校主动发展的重要载体,而要发挥规划的载体作用,必须重视开发和发挥学校发展规划研制和实施的过程价值。恩格斯曾经指出:"世界不是既成事物的集合体,而是过程的集合体。"在参与学校规划的指导、论证过程中,笔者越来越深刻地感到,要提升规划的品质,有效发挥规划促进学校发展的作用,必须重视开发、放大和提升发展规划研制的过程价值,正如迈克尔·富兰所言:"成功的关键在于绘制新地图这种创造性活动"[②],而不在于地图本身。

### 一、全面分析,重视规划的诊断价值

制定规划的一个重要前期工作,是全面而透彻地分析学校发展的现状,审视学校发展的现有基础。只有这样,才有可能有针对性地确定发展目标和举措。因此,制定学校发展规划是一个认识和诊断的过程。

---

① 鲁兴树.放大学校发展规划的过程价值[J].上海教育科研,2016(10):27—30.

② [加]迈克尔·富兰.变革的力量——透视教育改革[M].中央教育科学研究所,加拿大多伦多国际学院,译.北京:教育科学出版社,2000:36.

（一）认识学校的过去及周边环境

任何学校都是从过去走来，"过去"是分析学校"现在"的重要一维，因为发展不能割裂历史和传统。常州市局前街小学，是一所老牌名校，该校创立于 1902 年，其前身是"龙城书院"。从"书院"到"小学堂"，在中国教育发展史上是一场重要变革和教育转型。敏感的局小人在回望历史时，把"变革"作为学校的文化基因，把"变革"作为名校再出发的动力和智慧的源泉。于是，他们主动加入华东师范大学叶澜教授领衔的"新基础教育"研究，在持续的"研究性变革实践"中不断续写着辉煌。

任何学校都不是生活在真空中，都居于环境之中，尤其是社区环境。社区与学校发展休戚相关。迈克尔·富兰说："一个好的学校很难在一个不良的社区里取得进步；反过来说，一个学校如果没有来自社区的压力和支持，那么，它也很难成为好的学校。"[①]学校制定发展规划时必须尽可能地了解社区现状。学校既要认识社区物质、文化和历史资源，把它变成学校发展的重要力量，又要把建设社区文化作为学校发展的重要目标。如常州市翠竹中学在制定新一轮发展规划时，在广泛调研的基础上确立了学校发展和社区文化建设共赢的策略，提出"打造现代化的社区中学"的发展愿景。

---

① ［加］迈克尔·富兰. 变革的力量——透视教育改革［M］. 中央教育科学研究所，加拿大多伦多国际学院，译. 北京：教育科学出版社，2000：267.

(二) 了解利益相关者的价值诉求

学校的发展必须考虑相关者的利益。这些相关者主要包括学生、家长、社会等。

学生的需求是学校发展的逻辑起点。制定学校发展规划首先要了解本校学生的特点及需求。比如,地处老小区和城郊接合部的学校,这里的学生家庭经济条件相对较差,父母文化水平相对较低,学生所受的校外教育较少,更需要在校内开展大量阅读和艺术教育。常州市兰陵中学就是一例。该校针对学生阅读比较缺乏、自信心较低、学习基础较差等情况,把建立书香校园,开展书法教育,引进邱学华"尝试教学法"作为学校发展的重要抓手,使学校发展别有生机。

家长也是学校发展的重要力量。了解家长对学校教育的态度和需求,争取家长的参与和配合是学校发展决策不可忽视的因素。常州市北环中学为调动家长参与学校办学,把"家委会"作为班级建设和学校发展的重要推动力,该校每班都成立家委会,建有家委会章程,并切实发挥家委会参与学校事务的作用。该校一名班主任出国培训三周,在这三周时间里,由家委会派家长履行班主任日常工作。

社会对教育的挑战和需求是学校发展的重要动力源。陶行知先生曾指出:"不运用社会的力量,便是无能的教育;不了解社会的需要，便是盲目的教育。"[①]认清社会发展形势，主动迎接社会对教育的挑战，是学校发展的明智之举。比如，现实社会生活中存在诚信缺失、欺骗欺诈等道德失范问题，这不仅影响着经济的健康发展和人际关系的和谐，还关系到国家和民族的命运，正所谓"不诚无物"。而学校应该有改良社会和引领社会发展的责任，所以学校应该把诚实守信作为重要的培养目标。

当然，学校在清晰这些价值诉求的同时，也要坚守教育的本质，按照教育的内在尺度和教育规律办事。

（三）寻找学校发展的多元参照系

学校如果要明晰"我们现在在哪里？""我们要到哪里去？"必须有参照系。而这个参照系又是多元的。它包括教育发展的基本走势，国家对教育的宏观要求和培养目标，同类学校的发展情况，等等。比如，常州市有一批学校参与了华东师范大学叶澜教授领衔的"新基础教育"课题研究，该课题指出，现代新型学校的特征是"价值提升、重心下移、结构开放、过程互动、动力内化"。这些特征成为学校改革与发展的重要导向。

正是在认识过去、明晰利益相关者价值诉求、寻找参照系的基础上，我们才能清晰自己的发展机遇、问题和生长点。可现实中，一些学校对此并没有给予足够重视。有些校长错误

---

①　中央教育科学研究所.陶行知教育文选[M].北京：教育科学出版社，1981：252.

地认为,自己身在学校中,对学校情况当然很了解,不需要有一个全面细致的分析过程。而事实往往是"不识庐山真面目,只缘身在此山中",每所学校在制定规划时都要把自己当作一个"返乡的陌生人",以陌生人的视角和态度重新审视学校的一切。

## 二、重塑理念,发挥规划的引领价值

制定发展规划的一个核心内容是确立和重塑学校办学理念。学校的办学理念是关于学校对教育是什么的价值判断,是对办什么样教育的基本主张。它是一所学校的教育哲学、教育思想的核心表达。学校在制定规划时,必须检视学校的办学理念。

常州市春江实验小学,最初的办学理念是"培养有根的中国人",后来在研讨中觉得,"培养有根的中国人"作为学校的德育目标比较合适,但作为学校的办学理念缺乏统领和上位的意义。同时,还认为"培养有根的中国人"未免有点狭隘。后经酝酿,该校将办学理念改为"办如春教育,育有根新人"。"办如春教育",其意是办像春天一样的教育。春天,阳光普照大地,温暖人间;春雨春光润物无声;春天万物复苏,活力勃发。这些特征正是教育的追求,而"有根新人"的培养目标,则要求学生不仅扎根中国,也要胸怀世界。

又如,常州市新华实验小学,原来的办学理念是"享受幸福童年",在新一轮规划研制过程中,觉得这个理念缺乏个性,经研究，该校将办学理念改为"践行自然的教育，孕育幸福的童年"。这样既继承了原有的办学理念，又有了新的内涵，其重心是"自然的教育"。该校地处城市边缘的农村，曾被评为绿色学校，有一个面积颇大的生态园，又与当地一个环保企业合作共建，这些与"自然教育"颇有联系。更重要的是，"自然的教育"的内涵不仅仅是保护生态的教育，这里的"自然的教育"，从教育方式看，是顺应天性、适应人的自然发展的教育，是遵循学生成长规律的教育。"自然的教育"主张，教育不是灌输，更不是强迫和压制，教育应该自然而然。于是，这所学校有了符合教育主流理念的新的教育哲学。

当然，一个学校在制定后继规划时，未必都要修改学校教育理念，但必须结合学校实际和时代特点，对原有理念进行检视，或者对原有理念进行进一步解读。比如，常州市三井实验小学将"求原"作为学校的核心理念和学校精神。在上轮规划中，"求原"的内涵主要解释为追根究底的探索精神和锲而不舍的学习精神，而在新一轮规划中，"求原"不只是求知识的本源、不只是指探究科学规律，还包括探究人的本源和教育的本源，涉及怎样做人和怎样做教育，实际上就是关注人的存在和教育的存在。"求原"就是让原来本然的东西还原，让本真的被遮蔽的东西凸显出来。从这个意义上说，"求原"蕴含着浓郁的当代前沿的哲学思想——存在主义思想。经这样解读，学校"求原"理念的内涵更加丰富，更加深刻。

### 三、潜心学研,提升规划的培训价值

制定规划,既是一个形成学校发展方案的过程,更是一个学习和研究的过程。

规划是一个学习过程。比如制定规划时,必须学习学校的变革理论,用变革理论指导学校设计改革措施和流程,提高学校发展的科学性;必须学习有关法律、法规和政策,保障学校发展方向的正确性和措施的适切性;必须学习现代管理理论,提高管理改革的针对性和有效性;必须学习现代教育教学和心理学理论,为开展各项工作提供理论支撑。制定规划时还需要学习其他领域的相关理论,比如在制定教师发展规划时,必须了解教师的素养结构、教师成长的规律,必须知晓教师培养有哪些有效途径和方法等,还必须了解同类学校在教师发展方面有哪些项目和措施值得借鉴和学习,等等,这些都离不开学习。所以,规划的过程也是学习的过程,用迈克尔·富兰的话就是"把学校从一所官僚主义的机构转变为一个兴旺的学习者的社区"[1]。

规划是一个研究的过程。首先,在进行校情分析时,需要运用一些科研方法,如进行问卷调查、访谈、实地调查、统计分析等。常州市翠竹中学,为了了解周围社区状况,除了实地走

---

① [加]迈克尔·富兰.变革的力量——透视教育改革[M].中央教育科学研究所,加拿大多伦多国际学院,译.北京:教育科学出版社,2000:56.

访、拍摄照片外，还利用了社区航拍图等。其次，为了了解各领域发展情况和发展趋势，离不开文献研究；为了借鉴其他学校的发展经验，需要做与相关学校的比较研究。另外，规划也是确立学校重点科研项目的重要契机。一方面科研项目是学校发展规划的重要内容；另一方面，科研项目又是学校新一轮发展的重要推手。比如，常州市实验小学结合学校发展规划，确立并申报了"学会分享——一项促进学校主动发展的行动研究"，该课题先后被立项为省部级教育科研课题。

规划也是一个多方参与的广泛对话的过程。在规划研制过程中，很多学校会请一些专家来校进行把脉和对话，会请一些家长和社会人士来共同研讨，校内也会举办各种类型的研讨会，这些活动无疑也是学习和研究的过程。如常州市虹景小学在制定规划的过程中，围绕校训"做最美的自己"组织教师和学生进行了广泛研讨，比如，怎样做最美的教师？怎样做最美的学生？怎样做最美的家长？等等。最后，在专家的参与下，师生对校训内涵的认识得到进一步提升。比如，他们认识到："做最美的自己"是人生的根本使命，是马斯洛提出的"自我实现"。做自己，才有智慧，才能勃发出生命的力量。做最美的自己，要学会反思，不断认识自己。做最美的自己，要确立主体性人格，要转变生存方式。

如果规划是一个持续的学习和研究的过程，那么，制定规划不仅是"成事"的过程，更是一个"成人"的过程，或者可以说，制定发展规划过程是学校开展的规模最大、历时最长的培训活动。

## 四、下移重心，彰显规划的管理价值

总体上说，管理有两大功能：一是形成秩序，二是推进变革。而学校发展规划是对学校改革和发展的总体谋划，从此意义上看，发展规划本身具有管理属性。一个好的规划，应该是推进学校管理改革，放大学校领导力的重要载体。主要表现在以下几个方面。

（一）从直接管理走向间接管理

开展"学校发展规划"活动以来，常州市教育行政部门把发展规划作为评价学校和教育投入的重要依据。比如，通过对规划的论证等环节看学校改革的方向性和适切性；通过规划的评估看学校的发展度；通过对规划的审议看学校规划在实施过程中需要哪些支持。如此一来，行政对学校的管理从直接管理变成间接管理，从具体管理变成宏观管理，学校也因此扩大了办学自主权，释放了发展活力。另外，教育行政部门把学校考核项目各条线尽量与学校发展规划评审进行整合，以减轻学校负担。

（二）从权力管理走向民主管理

学校制定规划是群策群力的过程，对于教育行政部门来说是放权的过程，让学校自己谋划、自己决定未来发展方向和路径；对于学校来说，制定规划也是对广大师生放权的过程，以调动广大师生积极参与谋划学校的发展。如常州市实验初中,把学生作为学校主动发展的重要力量,成立了学生自主管理委员会,在发动学生参与学校管理方面做出了积极的探索。又如,很多学校积极发挥家长和社会人士参与学校规划的研制。

（三）从行政管理走向专业管理

学校教育教学具有专业属性,而传统的学校管理表现为较强的行政化色彩,是一种以等级为基础,信息从下向上流动,命令从上向下发出的"金字塔"式结构,是一种控制式的管理。这种管理只能带来规范有序,却无法创造真正高品质的教育。而在制定发展规划的过程中,倡导给学科组长和各种项目责任人赋权,鼓励学校建立各种非行政化的专业性组织,从而调动和发挥广大教师的专业智慧,整体放大学校领导力。

（四）从事务管理走向战略管理

传统意义的学校管理围着行政转,按照文件办,沉湎于具体的事务。这种管理,在时间的维度上,只立足于"现在",认为只要干好现在的事,就会自然而然地有一个美好未来;在空间的维度上,往往只沉湎于琐碎的事务,缺乏对学校发展的整体性思考。而制定发展规划是在总结历史经验、调查现状和预测未来的基础上,为寻求和维持持久优势而作出具有长远性、全局性的重大筹划和谋略,是立足于未来的战略管理。

综上所述,制定规划的价值绝不仅仅是形成一个比较详尽的学校发展方案,而应充分关注其过程属性,发挥其过程价

值,因为"变革是一项旅程,而不是一张蓝图"①。还需要注意
的是,规划的过程性还表现在规划文本形成后。学校发展是
在变动不居的环境下进行的,是一个极其复杂的渐变过程。
在此过程中,规划只是行动的一个引领,不是行动的施工图
纸,学校发展规划不同于建筑工程规划,学校发展不能机械地
"按图施工"。与此相应,规划不是一经形成就不能修改,规划
应该在与行动互动中不断调整和完善。从某种意义上说,规
划应该贯穿于行动的全过程,甚至在行动之后,而不是仅仅发
生在一个变革行动的前期。

　　现实中对待规划有两种现象值得我们警惕:一种把规划
当成抽屉文件,制定好了,就很少问津,规划归规划,行动归行
动;一种是把规划当成静止的行动蓝本,面对丰富复杂不断变
化的环境,仍拘泥于规划。这两种现象都会使规划丧失其应
有的作用,削弱其助推学校发展的价值。

---

① ［加］迈克尔·富兰. 变革的力量——透视教育改革［M］. 中央教育
科学研究所,加拿大多伦多国际学院,译. 北京:教育科学出版社,2000:35.

# 第四章　从封闭到开放：增强学校发展的协同性

生命有机体之间最有生命力的关系实际上是协作关系，这种关系以共存、相倚、共生为特征。

——［美］卡罗琳·J. 斯奈德等

前文提到,一切生命有机体都生活在一定的环境中,都需要不断地与周围环境进行物质、能量和信息交换。同样,学校要生存与发展,也需要不停地与外界交流物质、能量和信息,需要从封闭走向开放。"开放"是一个含义极其丰富的词汇,本书中的"开放"主要指,学校突破组织管理边界,在资源、信息和管理等方面与其他学校及社会组织开展交流合作活动。

生物进化史告诉我们,协同是生物进化的重要方式,甚至是主导方式。"生命有机体之间最有生命力的关系实际上是协作关系,这种关系以共存、相倚、共生为特征。"①学校发展既需要竞争更需要协同,而开放是协同的前提。校际开放的一个重要目标和功能是促进协同发展。本章在分析学校对外开放与合作的意义、学校组织封闭性的特点和原因的基础上重点讨论如何促进学校之间协同发展。

## 第一节　学校发展需要开放与合作

"每一个生命有机体本质上是一个开放系统。"②奥地利物理学家、量子力学奠基人之一埃尔温·薛定谔(Erwin

---

① [美]卡罗琳·J.斯奈德,等.生活在混沌边缘:引领学校步入全球化时代[M].郑旭东,丁煜,李曙华,译.北京:教育科学出版社,2011:53—54.

② [美]贝塔朗菲.一般系统论:基础发展和应用[M].魏宏森,林康义,译.北京:清华大学出版社,1987.

Schrdinger)认为:"一个生命有机体在不断地产生熵——或者可以说是在增加正熵——进而走向最大熵的危险状态,也就是死亡。它(生命有机体)只能通过不断地从环境中获取负熵来避免这种状态并维持生存。(因此)负熵是十分正面的东西。有机体赖以生存的东西就是负熵。或者换一种不那么矛盾的说法,新陈代谢本质上就是有机体成功地去除所有因存活而不可避免地产生的熵。"①学校要不断获得新生和发展,就必须对外开放,积极从外界环境中吸取负熵。具体说来,学校对外开放主要具有以下意义。

## 一、开放合作是现代组织发展趋势

"传统的组织理论一般把组织看作是一个封闭的静态的结构,并在静态的组织结构的框架下,以工作为核心,研究组织的目标、组织的分工、组织的权责分配、组织的职能划分、组织的控制,等等。应该说,这种组织理论反映了社会分工的需要,适应工业化社会的发展,有其合理和积极的一面。"②但是,这种组织等级森严,画地为牢,既不利于自身成员主体性和创造性的发挥,又较少与外界发生联系。

现代组织理论将组织内涵理解为三个方面:首先,组织是

---

① [奥]薛定谔. 生命是什么[M]. 周程,胡万亨,译. 北京:北京大学出版社,2018:78—79.

② 刘永林. 学校管理创新的基本策略——构建开放的学校组织系统[J]. 现代教育论丛,2002(01):56—60.

社会系统的一部分。任何组织的生存和发展都离不开与此相关的更大系统,离不开其环境,都必须与环境进行互动,与环境进行物质、能量和信息交互。其次,组织本身也是一种系统。组织内部的各子系统也存在相互依赖、相互影响的作用。再次,组织是一种维持适应的系统。组织不仅要与外界环境之间维持高度适应的关系,在其内部,各个部分之间,也要保持高度的相互适应关系,这种适应依赖于彼此相互作用,是一种开放性适应。总之,现代组织必须是一个开放性组织。

当今社会是信息化社会,信息化社会也是一个网络化社会。网络化社会的一个重要特点是每个组织、每个人都应该是网络联结上的一个节点,都应该借助于有形或无形的网络与环境发生广泛的联系与互动。可以说,在信息化和网络化社会,开放合作是每个组织和每个个体的生存和发展的方式。在这样的时代,开放则发展,封闭则衰退。大到国家、小到一个基层组织,概莫能外。学校这种组织是其环境的产物,因为学校是由社会中社会的、经济的、政治的和文化的供与求所维系的,同时又反过来支持着社会中社会的、经济的、政治的和文化的供与求。[①] 也就是说,学校的存在与发展离不开与环境的相互作用。

当然,虽然开放是组织生存和发展的必要条件,但组织的

---

① [美]马克·汉森.教育管理与组织行为[M].冯大鸣,译.上海:上海教育出版社,1993:136—137.

开放,尤其是学校组织的开放,又不是无序的、无选择的。社会环境极其复杂,学校是培养人的特殊组织,学校对外开放必须有所选择,从环境中吸取有助于组织运行和教育功能发挥的物质、能量和信息,同时,排斥一些对人的成长不利的因素,这样才能在"耗散"过程中形成有序的结构,实现教育功能最优化。

## 二、开放合作有助于集聚社会资本

"资本",最初人们认为它只是一些能够带来增值和受益的有形资源,后来随着人力资本概念的提出,资本就不再只是有形资源。早在 1980 年,法国著名学者布迪厄提出了社会资本的概念。什么是社会资本? 目前,尚没有获得一个大家普遍认同的定义。布迪厄把它界定为:"实际或潜在资源的集合,这些资源与由相互默认或承认的关系所组成的持久网络有关。"①伯特认为:"社会资本指的是朋友、同事和更普遍的联系,通过它们你得到了使用其他形式资本的机会。"②根据这两个定义,本书中的社会资本主要指关系资本。这种关系资本能带来其他实体资本的增加或增值。

长期以来,人们总是认为,办学只需要充足的物质资本和

---

① 盛冰.建构社会资本:当今学校改革的必由之路[J].中小学管理,2008(7):7—9.

② 孟瑜.学校社会资本的概念、作用与构建[J].北京教育学院学报,2018,32(06):23—28.

人力资本，即只需要现代化的装备和优秀师资。不可否认，这两种资本对任何一所学校来说，是基本的，也是必要的。但是，如果办学仅靠这两种资本是不够的，还需要第三种资本，即社会资本作为补充。没有它，其他资本也很难发挥有效作用。学校对外开放合作能获得更多的社会资本。学校应该有意识地建立一些关系联盟，积极开拓有助于学校变革和发展的社会资本。

在拓展社会资本方面，常州市河海实验小学的一个做法值得借鉴。该校在地方政府的帮助下，与所在区域的一家德国企业建立了友好合作关系。起初，这家企业采取捐资捐物的方式帮助学校发展，后来该校结合学校实际向企业建议由捐资助学改为支持学校开展校园足球运动。这家企业很快采纳这一建议，并请欧足联一位教练到学校辅导足球。在足球教学的过程中，学校发现，这位教练不仅足球水平高，而且多才多艺，尤其是善于把训练和学习融合在游戏中完成，于是又请他教体育课、英语课。结果这些课同样深受同学们喜爱。外教不仅让学生喜欢，他们的敬业精神也让中国教师感动。

随后，在学校的努力下，合作范围进一步扩大，德国外教从一人变成两人，合作内容从单一到多元。再后来，由这家企业牵线，河海实验小学与德国某学校结为友好学校，并于暑期派学生去德国参加体验学习，学校由此迈出了教育国际化的步伐。从这一事例中可以看出，河海实验小学在与企业合作时，并没有单纯地追求物质援助，并没有只是重视有形的资本,更多的是营造一种不断拓展的合作关系,并通过这种关系(也即社会资本)获得更多的教育发展资源。

## 三、开放合作有助于教育均衡发展

党的十九大报告指出:"中国特色社会主义进入新时代,我国社会主要矛盾已经转化为人民日益增长的美好生活需要和不平衡不充分的发展之间的矛盾。"当今,在城乡、区域、校际、群体之间教育发展不均衡问题比较突出。就校际教育不均衡而言,其成因主要有三个方面。

一是教育资源配置不合理。我国学校教育投资的主体是政府。在经济困难时期,政府为了短时间培养大量紧缺人才,建立了重点学校制度,并在资源配置上向重点学校倾斜。近年来,虽然教育投入不断加大,但地方政府的示范学校、窗口学校情结依然不减。这些学校成为代表政绩和地方形象的面子工程。与普通学校相比,这些重点学校更容易获得政府在资金、物资和师资等方面的支持。同时,重点学校的存在又造成择校现象,这些学校又可以通过择校获得大量社会资源,造成其与普通学校之间差异进一步扩大。

二是办学单元个体化。长期以来,在教育发展决策和管理上存在原子化思维和割裂化思维。总是以为,只要办好每一所学校就自然能办好整个教育系统。于是,"在讨论办学主体时,独立的学校个体也就成了主要的研究对象,尽管在制定教育政策与制度时,也会把学校系统作为治理对象,但这样的学校系统要么把所有的学校看成一个独立个体,要么把每一所学校看成学校系统中的子系统,很少考虑学校与学校之间的关系,而且即使考虑到学校与学校之间的关系,似乎更多是彼此间的竞争关系。"①这样的管理方式在激发单个学校办学的主动性、积极性的同时,也在一定程度上催生了校际发展的不均衡。

三是片面运用竞争的手段。"随着社会主义市场经济体制的逐步建立,竞争价值、竞争思维、竞争理念一直主导着社会组织的变革,竞争已日益成为社会生活中的重要内容和手段。"②教育领域也不例外,竞争一直被当作激活学校办学主动性和创造性的重要手段。固然,竞争可以激发学校办学活力,但"学校间的过度竞争在很大程度上导致了学校发展目标的功利性,加剧了校际发展水平的不均衡性,也降低了教育资源的生产和配置效率"③。

要解决上述三个问题,有必要采用协同发展模式。这种发展模式要求我们在资源配置上采取集团化办学等形式促进优质教育资源共建共享;在教育管理上克服点状和原子化思维,确立系统思维和协同思维,由过去注重学校个体发展转变

① 周彬.学校集群发展:理论突破与实践选择[J].教育学报,2019,15(04):43—50.

② 孟繁华,田汉族.走向合作:现代学校组织的发展趋势[J].教育研究,2007(12):55—59.

③ 薛海平,孟繁华.中小学校际合作伙伴关系模式研究[J].教育研究,2011,32(06):36—41.

为注重学校集群发展;在学校变革与发展动力上,更多地依靠合作而不是依靠竞争。

## 第二节　学校组织封闭性的主要成因

在学校诞生之前,教育是开放的,因为那时没有一个专门的教育场所,没有专门从事教育的教师,也没有清晰的培养目标和固定的课程,教育完全与生产劳动、社会生活融合在一起。学校是教育专门化的结果,是教育从生产、生活中分离的结果,是制度化的结果。可以说,学校诞生于教育对社会生活的封闭,封闭是学校的先天特性。

进入大工业社会,为了培养大批技术人才,发挥规模生产效应,学校变得更加封闭。学校的物理空间常常以围墙与外界隔离,人们常常用"象牙塔"来比喻学校。这时的学校更像生产劳动力的工厂,教师被安排在固定的班级从事教学,学生被安排在固定的班级接受指定教师的教育,学习规定的课程。学校组织的封闭性还表现在学校与学校之间缺少联系和交流,同类学校之间更多的是一种竞争关系,而不是协同关系。

学校之所以封闭,除了受规模化、效率化的工业大生产模式影响外,还与多种因素有关,其中,固有的管理体制机制是导致学校组织封闭的重要原因。我国现行的学校管理体制具有"单位制"和"科层制"的双重特点,这双重特点更容易使学校变得封闭。

## 一、"单位制"使学校过于依赖政府

"单位制度是自新中国成立以来发展起来的一种基本社会管理制度。在相当长的一段时期里，单位都是我国政治、经济和社会体制的基础。"①在计划经济时代，工作单位对其成员不仅具有全面管理的职能，还有全面负责生活的义务。如分配住房，实施计划生育，甚至居民要办结婚证、离婚证都需要双方单位开具证明。"单位制"使得绝大部分居民的生存依赖于单位。单位也因功能扩张而变成一个个相对封闭且独立的社会共同体。②

改革开放以后，随着传统的计划经济体制逐步向社会主义市场经济体制转变，"单位制"的地位和职能日益弱化。很多国人已从"单位人"转变为"社会人"。比如，有的地方教育行政部门在推行"县管校聘"，试图把教师从"学校人"变成"系统人"。这样一来，教师的身份不再依托于一个学校，其工作岗位可以在一个区域的任何学校自由流动。"但即便在今天，尤其对公共事业单位来说，一些维系人们基本的政治、经济和社会生活的主要资源以及获得事业发展的机会仍然主要通过单位的分配才能够得到，单位制仍然是实现国家资源配置的

---

① 王有升. 单位制度、科层体制与当前我国学校改革[J]. 教育学报，2017,13(02):85—92.

② 孙立平. 从单位制到社区制[C]//孙立平. 断裂：20 世纪 90 年代以来的中国社会. 北京：社会科学文献出版社,2003:111—123.

基本方式。"①就教育系统而言，由于根深蒂固的"单位观念"，目前，"县管校聘"推行起来仍然阻力很大。

学校的"单位身份"，使"学校成为政府的直接附属机构，在这种情况下，行政的力量往往会凌驾于教育的专业自主性之上，学校领导唯上级命令是瞻……社会参与教育的职能也往往被排斥在学校教育体系之外"②。也就是说，"单位制"在使学校过于依赖政府、依赖行政管理的同时，又容易使学校与外界割裂，出现封闭办学的现象。

## 二、"科层制"造成学校组织条块分割

"科层制"是现代社会架构所采取的最基本的组织形式。"学校本身也是现代社会科层制组织的一种重要形式。学校体系科层制架构的形成是近现代普及国民教育的结果，国民教育的普及使整个国家教育系统形成一个庞大的科层体制架构，并催生出了学校内部的科层化组织。"③

科层制，简单地说就是分科分层的管理制度。这种管理制度按照不同职能将组织划分成各科，再按照权力大小将组织分成若干层级并确定上下级关系进行管理。例如，一所学校的中层组织往往会有教导处、科研处、德育处、学生处、后勤处、办公室等部门；而学校的层级结构会有校长、副校长、中层

①②③　王有升.单位制度、科层体制与当前我国学校改革[J].教育学报，2017,13(02):85—92.

干部、教研组长、教师等。

"科层制"容易使部门之间相互割裂。比如,教导处负责教学工作安排、日常教学管理,科研处负责科研管理。这样容易使教学与科研割裂,而其实科研是以教学为研究对象,教学与科研本应一体化。又如,学校在中层以下一般会设置学科教研组。以学科组为单位进行管理,又容易使不同学科之间缺少互动与交流。科层制,又由于学校管理层级过多,导致管理半径过长,决策路径单一,信息传递单向,使得学校成为一个自我封闭的空间。

## 第三节　学校协同发展的特点

按照百度百科解释,"协同"具有和合共同、团结一致、协助、会同、相互配合等意。协同发展是指系统中的各组成部分相互协调、形成合力,共同发展。

近年来,"协同创新""协同发展"成为国家发展的重要主题词。2017 年 6 月习近平在中央全面深化改革领导小组第三十六次会议上讲话强调:"注重系统性、整体性、协同性是全面深化改革的内在要求,也是推进改革的重要方法。"党的十九大报告把"着力增强改革系统性、整体性、协同性"作为改革取得重大突破的宝贵经验。可以看出,"协同"是我国全面深化改革的重要方法。

协同发展具有丰富的内涵,习近平指出:"改革越深入,越要注意协同,既抓改革方案协同,也抓改革落实协同,更抓改革效果协同,促进各项改革举措在政策取向上相互配合、在实施过程中相互促进、在改革成效上相得益彰,朝着全面深化改革总目标聚焦发力。"这里的"协同"强调从目标、方案、实施到效果各个环节都要协同,是一种全面协同。

本书中的协同发展主要指,不同主体(学校)之间在变革和发展过程中相互合作,优势互补,共同实现发展目标。这种协同发展应突出以下几个特点。

## 一、价值性

协同理论认为,任何社会系统都应该有一个目标,系统的一切活动都要围绕主要目标来开展。学校协同发展的共同目标是通过优势互补或以强带弱,推进教育均衡发展,增进教育公平。因此,校际协同的动力主要来自价值追求,这种价值追求是为了让更多的学生接受优质教育,为了让每个儿童接受公平教育,为了让社会更加正义和美好。简单而言,就是"教育为公,以达天下为公"。现实中,学校之间的协同发展,常常采用建立联合体(学校联盟)的方式来进行。学校发展联合体很多是由政府指令或者政府牵头成立的,联合体的运作常常由政府参与监管和考核,这对联合体正常运行和发展非常有必要。但是这种联合体如果仅靠政府指令,没有共同的价值追求,则很难获得实质上的持久发展。

## 二、开放性

协同是一种开放,是开放的表现,因为开放包括系统向环境开放,包括与环境进行物质、能量和信息交换。协同是一种主动的、有目的、有选择的开放活动。开放又是协同的前提,任何组织只有具有开放的意愿,自觉突破组织边界,才有可能与环境、与其他组织建立广泛的协同关系。学校只有开放,只有积极与环境互动,主动与外部组织广泛结盟,才有可能获得更多的信息和资源支持,才能打开更多变革和发展的空间。不仅如此,学校只有开放,才能与外部环境建立良好的信息反馈机制,使自身变革行为更加有序,更能符合社会发展需要。

## 三、交互性

交互是指交流互动,相互作用。协同是一种相互作用,是一种交互。学校之间协同作用的大小取决于交互的频率和深度,而交互能产生能量。美国学者卡罗琳·J.斯奈德等人在《生活在混沌边缘:引领学校步入全球化时代》一书中引用Capra 的观点:"交互机制越强(密度),产生的力量(人、项目、机构之间的力量)越大。"[①]他还借用物理学中"聚变"与"裂变"的概念来强调交互的重要性。他说,裂变要消耗大量的自

---

① [美]卡罗琳·J.斯奈德,等.生活在混沌边缘:引领学校步入全球化时代[M].郑旭东,丁煜,李曙华,译.北京:教育科学出版社,2011:53—54.

然资源,还会产生废弃物及副作用;而聚变产生的能量巨大,且不会带来环境问题。他认为,人与人之间交互是教育变革和发展的一种聚变。这种聚变有助于集聚变革资源和能量,提高变革效率,促进教育又好又快发展。因此,通过开放合作促进组织与组织、人与人之间的高频交互,是集聚变革能量的过程,而且这一过程又是绿色高效的。

## 四、互惠性

协同是双方或多方的配合和合作。如果这种合作只是出于政府指令,只是为了完成政府的规定动作,只是对一方有利,合作双方的关系是非互惠的,那么就难以形成持久的、真正意义上的协同关系。在集团化办学过程中,领衔校如果只被当作是资源和文化的输出者,而得不到相应的回报,那么合作的意愿一般较弱且难以持久;成员校如果只被简单地看成是资源受益者,自身个性化资源和发展特色得不到充分尊重和有效开发,也很难有合作的强大动力。只有当学校之间结成平等互利的伙伴关系,在资源配置和变革能力等方面能有效互补,校际协同才会持久有效地发生,合作双方才能实现共生共荣,校际差距才有可能逐步缩小,均衡发展才有可能最终得到实现。

## 五、创生性

"协同"常常作为"创新"的定语,不仅在于"协同"是创新的一种形式,更在于"协同"也是创新的动力和智慧的源泉。协同创新是一种资源配置方式,是一种开放式的创新,也是一种高效的集约化创新。协同创新对双方和多方都带来增值。因为协同不是"以大吃小",或者"以小博大",不是简单的资源输出或输入,也不是单纯的一方援助另一方,而是通过协同创生出新的知识、资源和新的发展机会,起到"1+1>2"的效果。学校之间形成良好的协同关系,不仅有助于薄弱学校的发展,也有助于优质学校的进步。国外研究显示,当学校之间形成合作探究的风气,积极质疑网络内低效的工作程序,检视新的教育理念,寻找化解冲突和融合差异的合理途径时,学校改进的成效最为显著。①

　　需要指出的是,此处的"协同"并非完全排斥竞争。协同与竞争既对立又统一。协同与竞争互相依存,相互转化。生态学告诉我们,一个平衡的生态系统,是各种生物之间及生物与环境之间既协同又竞争的产物。在生物界,协同和竞争都是普遍现象,竞争导致协同,协同往往为了更好地竞争。如生物界通过捕食者和被捕者之间的竞争达成一定的和谐比例,有助于生物之间及生物与环境协同。可以说,这种协同是通过适度竞争来维持,没有竞争就没有协同。又如,社会性动物

---

① Judith Warren Little. Nodes and nets: Investigating resources for professional learning in schools and networks[R]. Nottingham, England: National College for School Leadership, 2005. (中小学校际合作网络构建的成效、类型与策略)

集体捕食行为,是通过彼此协同来提高与其他物种之间的竞争能力。

所以,学校变革既要发挥竞争的力量,又要发挥协同的力量。没有竞争的协同是缺乏活力的协同;没有协同的竞争是缺乏力量的竞争。我们反对过度依赖竞争,反对只是为了升学率而开展的"独木桥"式的竞争,而提倡互补性的多样化竞争。

## 第四节  学校发展联盟的类型

学校协同发展,其主要途径是与其他学校以及社会组织建立发展联盟。随着协同发展理念越来越深入人心和集团化办学的推进,合作办学、结盟发展越来越成为常态,出现了丰富多样的学校发展联盟类型。梳理和归纳这些类型,有助于我们进一步认识和推进学校协同发展。

### 一、整体结盟与部分结盟

从结盟范围看,学校联盟可分为整体结盟与部分结盟。整体结盟是指双方或者多方以学校整体为单位进行联合办学或开展全方位合作。这种学校联盟,有的是以一所领衔校为主导,由领衔校统一管理,如一体化的集团化办学、学校之间的委托管理等。有的各自都有法人代表,校际是平等和并列关系。比如,原先属于某教育集团中的成员校,他们发展成熟后从集团母体中独立出来,但与领衔校仍然保持全方位的合作关系。比如,常州市新北区龙虎塘小学,由于学区学龄人口不断增加,学校学位不足,在地方政府的支持下该校异地兴办龙虎塘第二小学。由于新校与原来的学校同源同宗,虽然法人代表不同,但两所学校很自然地开展全面合作。由于两校师资均等配置,龙虎塘实验小学原校长去第二小学任职,这种创办新学校的方式还破解了老百姓担心学区划分不公的问题。

部分结盟是指学校的某个部门自行与外界开展的联盟活动。比如,以学科教研组为单位或以一个项目组为单位与其他学校相应学科或项目组联合开展研究活动。常州市市北实验初中在建立校际联盟时,把权力下放到学科组,由学科组决定与哪所学校的学科组结对。之所以这样做,该校校长这样解释:强校并非每个学科都强,弱校也并非每个学科都弱,把权力下放到学科组,既能提高校际合作的针对性,又能调动学科组的积极性,还能促进校际合作多元化。笔者认为,此举增加了校际的开放点,体现了一种扁平化和网络化的思维方式。

校际的部分结盟,有的是以教师个体领衔的跨校工作室为载体,如常州市现有名教师工作室 235 个、名班主任工作室45 个。这些工作室在教育主管部门的支持下跨校开展研究和培训活动。有的是以科研项目为载体开展联合研究。如常州市教育局自 20 世纪末开始引进华东师范大学叶澜教授领衔的"新基础教育"研究项目,目前,市内有 23 所学校参加研究,并组建了区域研究"共生体"。

## 二、紧密型结盟和松散型结盟

按照合作关系的疏密程度,校际联盟可分为紧密型和松散型。紧密型结盟一般是指合作紧密,合作范围比较广。如上文提到的一体化集团办学。这种集团化办学模式一般是由领衔校向成员校选派执行校长,各成员校由领衔校统一管理,校际实行师资互派、资源共享、统一教学。这种联盟由于合作紧密,成员校能全方位地接受领衔校的辐射和帮扶,有助于成员校的快速发展,也有助于家长的认可,对于缓解择校热具有一定的积极意义。其缺点是存在优质教育资源稀释、学校发展同质化、成员校教师积极性和主动性不高等风险。同时,这种联盟,如果成员校过多,会增加合作难度和管理难度,降低合作效果。

松散型联盟,一般指每所学校都有独立法人,学校管理权相对独立,学校之间合作事宜通过校际协商进行,合作范围往往局限于学校局部。相比较而言,这类联盟在优质品牌和资源共享等方面不如紧密型联盟。但这种联盟,学校之间合作机制比较灵活,一般不受学校数量限制。

依据校际合作的程度,朱迪丝将校际合作分为四种类型[1]:

---

① 高振宇.中小学校际合作网络构建的成效、类型与策略[J].教学与管理,2015(01):11—14.

一是讲故事和了解观点。学校之间偶尔进行非正式的接触,通过故事分享和友情交流,知道某种理念或方法,但各校并没有明确意识到它们自己在教育和管理方面的问题,与同行的对话仅仅是展现他们各自的喜好而已。

二是扶持和帮助。学校在相互交流的过程中,开始期望从别校那里获得专业上的帮助或建议及情感上的同情与共鸣,但这种期望仍建立在学校对自身教育实践尚未深入反思的基础上。

三是分享。学校相互分享教育及管理上的方法、理念与材料,使工作的某些方面暴露于他校面前,但对课程与教学的某些根本看法仍可能被隐藏起来。

四是共事。学校意识到教育是一项共同事业,有赖于各校贡献自身才智,因此主动寻求与他校的对话;并保持一种开放的心态,将本校的根本理念公之于众,且虚心接纳外部反馈,珍视他校的观念与价值。

这种分类更为细致,但这四种类型的合作都可归属于松散型结盟。其实,学校联盟是紧密型还是松散型,只是相对而言,两者很难有明显的界限。

## 三、同类学校之间结盟与不同类学校之间结盟

校际联盟以同类学校比较多见。如基础教育集团化办学大多发生在同类、同学段学校之间。这种结盟形式,由于校际的教育对象、教育内容非常相似,能在比较大的程度上实现办

学资源和管理经验共享,有助于教育均衡发展。这种结盟形式,有的是以学校性质和特点为纽带组成跨区域联盟。如常州市旅游商贸高等职业技术学校与上海市商贸旅游学校、杭州市旅游职业学校、南京商业学校等 6 所同类型职业学校组成"长三角商贸旅游学校联盟"。这类学校一般是由 20 世纪的旅游、商业等中专学校改制而来,有着相似的历史和相近的专业,自然也有较好的合作基础。

近年来,不同类学校结盟也时有发生。常州市第二十四中学是一所初中校,这所学校积极探索构建外部合作联盟。比如,他们主动与相邻小学、高中建立合作关系。解放路小学与第二十四中学相邻,是二十四中主要生源校之一。该校在开展头脑奥林匹克教育方面卓有成就,多次获得国际大奖,而二十四中在科技教育方面也颇具特色。为让参与"头奥"活动的小学生进入初中后能继续发展自己的兴趣和特长,二十四中主动对接解放路小学,共同开展"头奥"教育。两所学校不仅在教学内容上进行衔接,同时在实验室、师资等资源方面开展共建共享。从 2012 年开始,通过与解放路小学共建,二十四中连续 7 年获得全国头脑奥林匹克竞赛二等奖,2019 年获得全国一等奖。

常州市第一中学与二十四中相距较近,民乐社团是一中的传统项目,二十四中也一直重视艺术教育。于是,两所学校开展"民乐社团"共建活动。他们共享活动信息,共同开展教研活动,共同组织学生参加比赛。2017 年,二十四中与一中联合组建民乐团赴维也纳金色大厅演出,取得了很好反响。得益于民乐教育的合作,二十四中每年都有学生通过特长生招生渠道进入一中就读。

学校结盟也可以发生在不同类别的学校之间,如中小学与大学结盟。这类结盟主要以教育科研为载体。如上文提到的,华东师范大学"新基础教育"研究所与常州市部分小学联合开展的"新基础教育"项目实验与研究。这种合作有助于理论与实践相结合,促进教育理论和教育实践"共生共长",对推动合作双方教师的专业发展都具有积极意义。

不同类别学校的结盟还可以发生在普通学校与职业学校之间。近年来,常州市市北实验初级中学与常州旅游商贸高等职业技术学校联合开设职业教育启蒙课程,并开展初中与高职教育衔接研究。常州市市北实验初级中学是一所普通公办学校,其生源大多来自周边老旧小区相对贫困家庭,学生学习基础总体来说相对薄弱,其毕业生大多就读职业学校。同时,该校的学生家长学历相对较低,对孩子职业规划教育比较缺乏。开展职业启蒙教育,让学生提前了解和体验各类职业,有助于培养学生正确的职业态度,帮助学生选择适合自己的学校和专业。

## 四、政府动力驱动结盟和市场动力驱动结盟

薛海平、孟繁华根据动力来源将校际合作分为政府动力

驱动和市场动力驱动。[①] 政府动力驱动的校际合作是指：这类校际合作关系的建立主要是由政府通过行政指令促成的，其宗旨是促进区域教育均衡，增进教育公平。这类联盟体，校际的发展水平差异较大，一般以优质校（领衔校）为主导，合作双方的自愿性和平等性相对较低。

市场动力驱动的合作是指：合作双方或多方为了自身发展利益，或者出于增进教育公平，担当放大优质教育资源的责任而自愿开展的办学合作。合作双方具有较高的自愿性和平等性。笔者认为，此处用"市场动力驱动"表述不够准确，市场多指商品交换的场所，与经济利益最为相关，而校际联盟虽受利益驱动，但至少不是纯粹的经济利益驱动。双方在结盟过程中虽然也会涉及资源交换，但未必是等值交换。对于优质学校来说，对外辐射，帮助其他学校发展，往往是出于责任感和使命感。所以，此处"市场动力驱动"实际上是"学校自发组织的联盟"。为了表达方便和忠于作者本义，本书仍然沿用"市场动力驱动"。

校际合作情况比较复杂，从动力来源看，校际合作既可以是由政府动力驱动，又可以是由市场动力驱动，还可以是两者兼而有之。薛海平、孟繁华考察这两种基本动力的组成情况后认为，中小学在建立合作伙伴关系过程中存在以下四种具

---

① 薛海平,孟繁华.中小学校际合作伙伴关系模式研究[J].教育研究,2011,32(06):36—41.

体的动力类型(见下图)。

**中小学校际合作伙伴关系建立的动力机制类型图**

　　近年来,为了缓解入学困难,化解择校矛盾,一些地方政府积极推进集团化办学,试图通过集团化办学放大优质教育资源,缓解择校热。在此背景下,学校联盟的动力大多来自地方政府。比如,常州市政府为了推进义务教育均衡发展,于2018年以市政府名义出台《关于进一步推进教育集团化办学的实施意见》,该"意见"将集团化办学纳入政府民生工程和政府部门考核内容,明确由教育部门牵头,协调规划、建设、人社、编办、财政等相关部门及各乡镇协同推进,同时安排专项经费用于资助集团化办学重大项目建设和课题研究。"意见"的出台为集团化办学提供坚实的制度保障,使集团化办学步入制度化、规范化轨道,成为学校联盟办学的重要动力来源。

　　值得关注的是,近些年,除了政府推动和中小学自发组织联盟外,一些社会机构、科研院所也积极参与学校联盟建设,形成了百花齐放的局面。

　　比如,江苏教育报刊总社发起成立了"影响力学校建设共同体",其宗旨是发挥名校影响力,促进学校集群发展。同时该社还以江苏省基础教育前瞻性教学改革实验项目（重大研究项目）"物型课程建设的研究与推广"为载体，组建了有 39 所基地校和 18 所执行校参加的研究联盟。

又如，上海"真爱梦想"公益基金会在有关科研机构的支持下开发了多门"梦想课程"，吸引了全国多所学校参加。2018 年 11 月在四川天府新区举办的"真爱梦想全国校长基础训练营"，就有 100 多位校长参加培训。笔者所在的城市有 7 所学校参与"梦想课程"项目。

再如，2020 年，为了应对疫情，由"新教育"研究院牵头成立了"2029 学校"共创行动，参与该行动的首批学校有 24 所，涉及 3 000 多名教师，70 000 多名学生。

## 五、与其他社会组织结盟

迈克尔·富兰指出："有成效的联盟不懂得什么是边界。"[①]作为一所现代学校，不仅要有效利用教育内部资源，还要眼睛向外看，与社会建立各种协作关系，争取外部力量的支持。同时，学校教育也要反哺社会，服务社会发展。

常州市第二十四中学非常重视与其他社会组织合作。如他们与市文保中心、市图书馆、红梅公园、青果巷、前后北岸街区等有关单位开展教育共建，共同研发和实施《常州文化溯

---

① ［加］迈克尔·富兰. 变革的力量——透视教育改革［M］. 中央教育科学研究所，加拿大多伦多国际学院，译. 北京：教育科学出版社，2000：121.

源》等有关课程；与交警大队开展共建，让交警帮助疏导学校门前交通，请他们来校开展交通法规教育，开展"交通文明岗"体验活动；与常州第一人民医院合作，向该院开放体育场馆，作为回馈，一院为师生开展卫生保健宣传及指导服务，帮助学校开展学生生涯规划指导与职业体验活动。这种合作为学校争取了更多的资源，拓展了学校发展空间。

## 第五节　学校发展联盟建设的策略

学校发展联盟实际上是一种发展共同体，那么，建设什么样的共同体，关系到学校发展联盟能否健康发展。下面以集团化办学为例讨论学校联盟建设的策略。①

### 一、以道德共同体为方向，引领学校联盟健康发展

"'共同体'，一词源于古希腊语，原意指城邦设立的市民共同体……它旨在通过群体的共同活动来追求'共同善'和'共同利益'。"②从这一概念起源意义上看，共同体具有道德追求。学校教育是培养人的事业，学校发展联盟更应体现道德意义。这种道德意义主要表现在以下三个方面。

---

① 鲁兴树，杭永宝. 基于共同体意蕴的集团化办学探索[J]. 教学与管理，2020(31)：19—21.

② 马俊峰. 马克思社会共同体理论研究[M]. 北京：社会科学出版社，2011：23.

（一）在价值取向上，坚持教育公平

教育是道德事业，加拿大教育家迈克尔·富兰曾经指出："教育具有一种道德上的目标，这就是不论学生背景如何，要使他们的一生有变化，并在充满活力且日趋复杂的社会中有助于造就出能够生存和有工作成果的公民。"①就是说，促进每个人的发展，有教无类，增进社会公平，是教育的根本追求。集团化办学的初心和使命就是促进教育均衡发展，增进教育公平，这是解决"发展为了谁"的问题，舍此，就会背离道德目标。

现实中，集团化办学往往存在功利主义倾向。有的是被用作房地产营销的重要手段，以抬高住宅价格。如我们时常听说，某某小区因建有一所名校的分校，其住宅价格突然猛升，甚至翻倍。有的主要是为了招收优质生源。比如，有重点高中附设初中，或者与优质初中结盟，其主要动机是为了获得优质生源，以提高自身竞争力。有的高校和科研机构到中小学挂牌，与中小学结成办学联盟，更直接的动机可能是追求经济利益。

当然，我们并非完全反对集团化办学对以上各种利益的诉求，但是，必须以有利于教育均衡发展为最根本底线和前

---

① ［加］迈克尔·富兰. 变革的力量——透视教育改革［M］. 中央教育科学研究所，加拿大多伦多国际学院，译. 北京：教育科学出版社，2000：11.

提。也就是说,集团化办学不能加剧区域教育发展不均衡,更不能出现"竖立一杆旗倒掉一大片"的现象。其实,集团化办学如果过于追求教育以外的利益,学校之间就不会有真诚、有效和持久的合作,在办学行为上也很难遵循教育规律,坚守教育本真。

(二) 在培养目标上,坚持立德树人

立德树人不仅是一所学校的育人目标,也应该是一个教育集团的育人目标。在集团化办学的过程中,如果名校仅仅是为了实现自身的扩张,弱校仅仅是为了利用名校的标签来扩大影响,从而争取好的生源;如果在合作办学过程中,仅仅是以提高升学率为根本指向。那么,就违背了教育的初衷,就会出现手段与目的的异化。因此,开展集团化办学,必须审视"培养什么人"的问题,必须确立正确的发展观。

集团化办学追求的发展应该指向学生的真实发展和全面发展,而不是学校表面意义的、功利化的发展。欣慰的是,我们看到了一些教育集团在办学过程中,尤其注重在育人方面的合作。比如,常州市局前街小学教育集团把推进劳动教育作为集团化办学的重要任务。他们组织专家力量,引导各校开展基于本校实际的劳动教育课程群建设和劳动教育基地建设,并实现课程共享、基地共享和师资共享。又如,常州市第二实验小学教育集团把推进少先队工作作为集团办学的重要任务,成立集团少工委,校际经常开展少先队工作合作和交流活动。可以看出,类似的办学行为直指学生的全面发展而并非功利。

（三）在发展方式上，坚持协同共进

现代社会，市场竞争作为手段在促进经济发展中取得了重大成功，受此影响，竞争也被广泛运用到社会生活的方方面面。教育也不例外，"在很大程度上，现代教育是以竞争为基本运行逻辑的"①。竞争虽然能在一定程度上激发学校办学积极性，促进学校快速发展，但不当和过度竞争也会导致学校之间差异过大，破坏教育均衡发展。而学校差异过大，又会造成择校热，择校热又会加剧学校之间片面追求升学率，会导致学生学习负担过重。实际上，学生学习负担居高不下的一个重要原因是由于校际的发展不平衡。

不当竞争在发展方式上有损教育的道德性。在道德共同体的诉求下，学校之间关系更多的不是竞争关系，而是协同关系，要求我们"不管是教育政策制定，还是学校发展战略的选择，都有必要从传统学校间的竞争思维中走出来，重新考虑和定位学校间的合作关系"②。

总之，集团化办学应致力于打造道德共同体，否则就会失去正确航向，甚至会背道而驰，这也就是为什么迈克尔·富兰

---

① 高德胜.竞争的德性及其在教育中的扩张［J］.华东师范大学学报（教育科学版），2016（01）：14—23.

② 周彬.学校集群发展：理论突破与实践选择［J］.教育学报，2019，15（04）：43—50.

会强调"道德目标是治疗愚蠢的一副解药"①。其实,建设道德共同体,不仅具有导向功能,还蕴含着巨大发展动力。因为,从本质上说,人是追求意义的存在。建设教育道德共同体,会激发教育者的崇高感、使命感和责任感,从而为集团化办学注入强大的精神动力。

## 二、以知识共同体为支撑,增强学校联盟创新能力

如果说,建设道德共同体是为集团化办学提供价值导向和精神动力,那么,打造知识共同体主要是为集团化办学提供智力支撑。同时,打造知识共同体,也有助于教育集团转变发展方式。因为在知识共同体视野下,集团化办学过程中知识资源的生产和分享不再是领衔校一方的责任和任务,而是所有成员校、所有教师共同参与的过程。

研究表明,人类大多数知识存在于实践共同体中,教育学实践知识更是存在于教师的实践共同体中,存在于学校文化的境脉中,这些知识的学习和分享更需要在共同体环境中进行。因为"真正的学习,本质上是对实践共同体的参与,而共同体是知识建构的一个固有的层面"②。集团化办学为教育

---

① [加]迈克尔·富兰. 变革的力量——透视教育改革[M]. 中央教育科学研究所,加拿大多伦多国际学院,译. 北京:教育科学出版社,2000:13

② 赵健. 基于知识创新的学校组织发展——兼论学习共同体与学习型组织的异同[J]. 全球教育展望,2007(02):72—78.

知识尤其是教育实践知识的生产、创造、集聚、传播和转化提供更大范围、更好环境的共同体,其作用可简单概括为以下三个方面。

## (一) 增强知识异质化交互

有关研究发现,"异质性是影响团队创造力最重要的变量之一。尤其是知识异质性可以为团队带来更加广泛的任务知识和技能,使团队成员能更充分地加工任务信息,有利于团队形成创造性的问题解决方案"[①]。在长期的发展过程中,不同的学校形成了不同的知识系统,不同学校个体更是形成了自己特有的知识结构,这些"差异"和"不同"是很好的学习资源。比如,在课堂教学方面有的学校非常注重运用学生之间的相互评价,形成了独特的评价模式;有的学校长期致力于课堂提问研究,形成了自己独有的经验;有的学校在作业布置和管理上有独到之处。这些都可以作为相互学习和交流的重要资源。集团化办学,通过开展跨校教研、跨校项目研究有助于推动不同学校群体之间、个体之间知识、经验的异质交互和多向传播,有助于集聚分散性知识资源,从而推动知识集群创新和"巨群"创新。

## (二) 促进知识集约化生产

以共同体为指向的集团化办学,有助于集中优势力量开

---

① 吕洁,张钢. 知识异质性对知识型团队创造力的影响机制:基于互动认知的视角[J]. 心理学报,2015,47(04):533—544.

展知识生产和创新，既节约人力成本，又能提高工作效率。比如，常州市局前街小学教育集团集中各校科研力量建立了"集团研发中心"，该中心下设"课程研发中心""学科命题中心""学生工作研发中心""教育信息技术研发中心"等若干个项目组。由这些项目组负责跨校组织开展相应项目的研发，提高了研发水平和效率。同时，对于一些重大改革项目，他们采取统分结合、分工合作的办法来推进。举例来说，在建设"儿童成长节律课程"过程中，关于立冬、大雪等节气生活的设计和实施，是由该教育集团华润校区独立完成，经集团研发中心的课程部进行资源整合和完善后在集团内进行共享，形成"一创多享"的局面，既节约了研发成本，又扩大了共享范围。

（三）推动知识民主化创新

工业时代大多数人只需掌握专项技能，只有极少数人从事创造创新活动，而今天，创新已成为实践的重要特征，每个人都应该是"造物者"。在这样的时代，"知识创新模式随着创新主体的拓展向两个方面演进：一方面是创新主体逐渐民众化，主要体现为企业内部的全员知识创新；另一方面是创新主体突破了企业的组织边界，主要体现为企业之间的研发合作等联盟知识创新"①。学校虽不是企业，但学校更不应该是保守机构。学校不仅不是保守机构，甚至担当引领社会变革的责任。用波尔·达林的话说："学校需要适应环境，但它还必

---

① 王雎. 知识共同体[D]. 西南财经大学, 2008.

须成为社会中一个创造性和挑战性的因素。因为与其他任何组织相比,学校更多地代表着未来。"①学校既然代表着未来,那就更需要进行教育创新。集团化办学应通过营造良好的跨域合作教研氛围,搭建更多频次、更为广域的交流展示平台,在更多、更广意义上调动和发挥每个教师的聪明才智,汇聚更多、更大的创新能量。

由上可知,打造知识共同体,有助于集团化办学建立"造血机制",增强内生长力和可持续发展能力,有助于改变过于依靠人力资源流动的集团化办学模式,实现由名校资源稀释到各校资源共生转变,从而提升集团化办学的发展内涵。

## 三、以治理共同体为手段,激活学校联盟发展动力

党的十九届四中全会提出,"建设人人有责、人人尽责、人人享有的社会治理共同体"。这为教育治理现代化提供了重要指引。组建教育集团后,学校管理幅度会增大,组织部门会增多,师资生源会增容,有的还会出现办学体制多元(如公办、民办并存)和学段多样等问题,这些问题使得管理很难因袭传统的模式和方式,给学校治理改革带来了必要性和迫切性。同时,作为共同体的集团化办学,又为教育治理改革提供了重要环境和契机。我们认为,在共同体意蕴下,集团化办学应主

---

① [挪威]波尔·达林.教育改革的限度[M].刘承辉,译.重庆:重庆出版社,1991.

要在以下三个方面谋求治理突破。

（一）在治理基点上,从原子化走向共同体化

传统的管理理论在很大程度上是基于"原子化社会"。"(在西方)个人主义的宣扬所造就的原子化社会是近代社会治理理论构建的基点。"①与此相应,学校管理也呈现出"原子化"特征,表现为较强的封闭性。

这种封闭性还与我国学校管理制度有关。正如上文提到的,我国传统的学校管理在借鉴西方"科层制"的同时,又有自己独特的"单位制"特点。"科层制"使学校管理层级过多,半径过长,决策路径单一,信息传递单向。学校的单位身份,使学校像一个政府领导下的行政单位,在这样的单位,往往唯上级行政命令是瞻。学校这双重特点容易导致学校成为一个自我封闭的空间。而在共同体理念下,学校管理必须突破"原子化"思维,打开学校无形围墙,敞开学校组织和管理边界,从封闭走向开放。

（二）在治理结构上,从"中心—边缘"走向多中心

现实中的学校管理普遍采用科层制组织形式,科层制有职位分层、权力分等、部门分割、指令传递自上而下等特点,在治理结构上容易形成"中心—边缘"模式。即管理者处于中心地位,被管理者权力边缘化。这种模式有利于掌控变革方向

---

① 王亚婷,孔繁斌.用共同体理论重构社会治理话语体系[J].河南社会科学,2019,27(03):36—42.

和进程,但容易出现行政霸权,不利于民主参与,不利于调动群体的积极性。换句话说,这种模式在发挥"中心"和"上层"力量的同时,难以发挥"多"和"底部"的力量。

共同体不同于一般的行政性组织,而是一种扁平化、自组织化的有机组织。共同体理念下的集团化办学,要求打破固有的行政和组织边界,探索组织结构再造,形成多中心、扁平化的治理结构。这种结构有助于集聚治理力量,提高治理效能。比如,成立各种非行政性的项目组,通过行政赋权和专业赋权,由项目组代替行政组织,由项目负责人代替行政负责人承担和行驶某些职能。举例来说,某校结合工作需要,先后成立了环境建设组、校刊创编组、骨干教师常规调研组、展板策划组、校庆筹备组等非行政组织,既减少了行政事务,又让教师在参与治理中发挥其特长,调动其积极性。

此外,在共同体理念下,领衔校与成员校之间的关系不应该完全是恒星与行星之间的关系,而是没有等级和固定秩序的一种相对独立又相互依存、相互应变的"星丛关系"。进一步说,在具体的实践情境中,以谁为中心,谁是权威,不完全是被预定和给定的,而是自动生成的。只有这样,才能充分调动和发挥所有学校、所有教职工的主动性和创造性。

(三) 在治理方式上,从制度走向文化

与"科层制"相应,传统管理过于重视制度的作用。当下,随着教育改革的推进,学校制度越来越多,越来越细,有的学校甚至把制度的多少和完善程度当作学校管理成功的标志。

在这里,制度不再是学校治理的工具,而是成为学校治理的目标。用制度管理学校,有助于强化责任,落实目标,提高效率;有助于落实依法治校,形成良好的办学秩序。但制度也有其缺陷性。制度是建立在人性是自私的、是恶的假设之上,其作用主要是限制、约束人的行为。一般来说,制度比较刚性,比较注重统一,注重量化,而缺乏人性化。

教育集团是由两个或多个不同独立法人单位组成的联盟,不同于单一学校的正式组织,因此在治理方式上更难完全依靠详尽的制度。如此一来,文化治理更成为重要补充。对于集团化办学来说,文化治理的核心是确立共同的价值观、愿景和目标,用共同的价值观、愿景和目标来凝聚人心,形成合力。只有这样,教育集团才有可能成为真正的共同体。值得一提的是,常州市天宁区教育局除了要求每个教育集团制定集团教育发展规划外,还要求由领衔校牵头组织各成员校开展校内规划研制与论证评估活动。此举既有助于各校增进相互了解、相互借鉴,又有助于学校之间文化视界的融合。

迈克尔·富兰在《变革的力量:续集》一书中指出,学校要培育三种力量,即道德力量、智力力量和政治力量,并强调三种力量的融合。他在该书中引用戴夫特和兰格的话指出:"当融合真正实现的时候,它将会产生五倍的能量。"[①]借鉴迈克

---

① [加]迈克尔·富兰. 变革的力量:续集[M]. 中央教育科学研究所,加拿大多伦多国际学院,译. 北京:教育科学出版社,2000:283.

尔·富兰的观点,我们认为,建设道德共同体,就是通过引领和规约发展方向来培育集团化办学的道德力量;打造知识共同体,就是通过提升集团化办学知识创生能力,促进教师专业发展,增强集团化办学的智力力量;而构建治理共同体,就是通过治理改革,提升集团化办学的整体领导力,进而放大集团化办学的政治力量,并通过治理改革增强和整合集团化办学的道德力量和智力力量。

# 第五章　从割裂到关联：
## 重视学校变革的整体性

　　破碎性在学校已成为一种痼疾，一种根深蒂固的形式，资助要求、法律规章等都分门别类，以致走向整体的道路很可能充满障碍、曲折和纠纷，然而，现在学校教育问题非常复杂，最终超越破碎化思维与行动方式对于学校的生死存亡来说至关重要。

——[美]卡罗琳·J. 斯奈德等

　　"整体性是事物作为自身存在理由的自洽性的确证和属性，作为有机体的功能属性，它规定着该事物并导引着该事物。"①学校作为生命有机体，是一种复杂的系统性存在，而整体性是复杂系统的最基本、最主要特征。可以说，整体性是学校变革的应然特点。当今时代，人们对学校教育的需求日益多元，如教育既要满足就业和生存需要，又要满足终身发展和提升生命质量的需要；既要满足升学需要，又要满足能力培养、品格提升和个性发展的需要。与此同时，学校教育功能与任务也在不断拓展。学校既要促进学生发展，又要承担教师发展的任务；既要办好学校教育，又要促进学校教育与社区教育、家庭教育一体化发展；既要提升教育质量，又要增进教育公平；既要应对国家振兴、科技发展的挑战，又要关注百姓需求，办好人民满意的教育。

　　总之，时代的发展，社会的变革，技术的进步，经济的全球化和信息化，更加强化了学校变革的复杂性和艰巨性；更加要求我们用复杂性应对复杂性，要求我们推进学校整体变革。

# 第一节　学校整体性变革的内涵

　　学校整体性变革，简而言之，是指以整体思维、整体方法

---

　　①　杨双双.马克思主义理论的整体性维度探析[J].南昌大学学报（人文社会科学版），2010，41(02)：7—11.

对待和实施学校变革。学校整体性变革不能简单理解为是多方面的变革或者是全面的变革，学校整体性变革有着丰富的内涵，只有把握这些内涵，才有可能有效推进学校整体变革。笔者认为，整体性变革主要有以下几个方面的内涵。

## 一、价值引领的变革

价值引领的变革是指学校变革必须在学校核心价值观引领下进行。学校核心价值观集中体现在学校办学理念和培养目标上，主要涉及学校如何理解教育，学校要培养什么样的人，怎样培养人等问题。可以说，学校核心价值观是学校变革的根和魂。有了这个根和魂，学校变革才有明确的方向，才有可能进行系统化、整体化设计。比如，某校提出"每一个学生都是一所学校"的办学理念，这种理念旨在强调学校教育要面向全体学生，不让一个学生掉队。如果要落实这一理念，学校课程设置应尽可能丰富多元，以满足学生的个性化需求；教学方式方法应尽可能因材施教，适合每一个学生；教育评价的标准、内容和方式也应多样化，以促进每个学生适得其所地发展。也就是说，要落实这一理念，必须在课程设置、教学方法、教育评价等方面进行一系列变革。

当然，学校核心价值观只是学校整体变革的必要条件，而不是充分条件。学校办学理念、培养目标只有遵循教育规律，反映主流教育理念，符合学校实际，并能切实得到广泛认同和有效落实，才有可能促进学校整体变革。现实中，有的学校虽然有办学理念，但由于各种原因并没有成为实践的指导思想。换句话说，理念作为学校发展之"魂"并没有附学校变革实践之"体"。在这种情况下，学校即使有办学理念，其变革行为也会比较随意，甚至比较功利、短视，就不可能是整体性变革。

## 二、整体取向的变革

整体性变革中的"整体"不仅表现在变革内容和方式上，还应该表现在价值取向上。此处的价值取向主要指在局部与整体关系上更加注重整体利益。整体有不同层次，每个层次都有相应的局部与其对应。

比如，在学生个体发展层面，整体是指学生全面发展，局部是指学生的个别方面的发展。整体取向的变革就是要着眼于学生全面发展，摈弃学生片面发展，着眼于培养完整的人。时下，不少学校在努力推进课堂变革，但其变革的根本宗旨是提高知识获取效率，提高应试成绩，这样的变革就与整体取向相悖。

又如，在班级层面上，整体取向是面向全班学生，是立足于促进每一个学生的发展，而局部取向只关注部分学生，尤其是关注拔尖学生的发展。这种取向不是面向全体，有悖于素质教育的要义。

再如，在学校层面上，局部取向是发展少数班级，整体取向兼顾班级之间均衡发展。学校如果坚持局部取向，就会分快慢班，就会把有限的优质资源集中在快班上，以提高学校升学竞争力。

因此,在一定意义上说,整体取向也是公平取向、"善"的取向。需要注意的是,有时整体取向并非一定符合整体利益。笔者有一次接到一位低年级学生家长投诉,反映学校因创建书法特色学校要求每一位学生都练书法。家长反对的理由是:小孩年龄太小,手指肌肉发育尚不健全,不适合长时间、高强度练习书法。况且,不是每个小孩都对书法感兴趣。由此可见,教育面向整体的举措,一定要符合整体的真实需求,符合教育规律,否则,弄不好就会以整体的名义牺牲整体的利益。

## 三、综合性变革

综合变革是针对单一变革而言的。"综合的学校变革聚焦于整个学校的改进而不是学校内部特定学生人群,而且它也不局限于特定学科、项目和教学方法。"[1]现实中,学校的变革很多是应景式的、零碎的,学校变革项目之间往往互不关联。迈克尔·富兰在《教育变革新意义》一书中指出:"主要的问题不在于学校缺乏革新,而是学校中存在着太多的互不关联、片段性、不完整且肤浅的项目。"[2]富兰虽然说的是当时的美国,但这种情景在当下的中国可谓屡见不鲜。

曾有某地在启动新一轮学校发展规划时,一位行政领导

---

① 王加强. 学校变革的生态分析[D]. 华东师范大学,2008.

② [加]迈克尔·富兰. 教育变革新意义[M]. 赵中建,等,译. 北京:教育科学出版社,2005:21.

强调，学校规划只需要突出重点，无须面面俱到。结果有的学校只做单项规划，比如，只做课程规划。笔者以为，学校发展规划固然可以突出重点，但这个重点必须是在整体思考、整体架构下的重点。如果一个学校三年的发展规划，只有一个单向且简单的课程规划，学校很难有整体发展。况且，学校课程建设离不开人力和物力支撑，离不开学校文化的打造和管理变革的支持。

当然，综合变革不是指在各个要素中平均用力。协同理论认为，序参量决定着系统的演化趋势。"序参量是系统形成整体性的关键，管理者就要善于发现和促进序参量的形成。序参量是系统在要素的协同和竞争中最终脱颖而出的新的序，对整个系统具有一种凝聚和驾驭的作用。"[①]整体变革有必要从关键要素、关键问题着手，即寻找序参量，这样才能事半功倍。但在抓住关键要素、关键问题的同时，不能忽略其他要素的作用，而要重视"蝴蝶效应"的存在。换言之，学校变革如果只盯着关键要素、关键问题，就把变革简单化。学校变革在突出重点时，不能忽视"箍桶原理"，防止因桶箍只在一个方向上用力，忽视多个方向的齐头并进，最后造成桶的解体。

## 四、结构性变革

生命有机体的一个重要特征是结构与功能相适应，机体

---

① 黎明.复杂性管理策略：关注整体性[J].重庆与世界(学术版)，2013,30(10):21—23＋31.

或者器官有什么样的功能,就需要什么样的结构与之相适应。对于一个系统来说,结构是形成和决定整体性质的关键,因为要素相同,结构不同,系统的整体性质就不同。

学校系统有不同层次的结构,就整体而言,学校结构包括师资结构、课程结构、课堂结构、管理结构、评价结构等。每一结构又分为若干子结构。如师资结构可分为性别结构、年龄结构、学科结构及优秀教师所占比例等;课程结构分为学科结构、类型结构(如基础性课程、拓展类课程和活动类课程的比例,必修课与选修课的比例等)、年段结构(不同年段各门课程所占比例以及同一门课程在各年级和学段开设顺序等)。

结构优化,学校教育功能才会强健。就拿师资来说,一所学校的师资建设水平,既取决于教师的个体素质,又取决于教师的年龄、性别和学科结构。教师的年龄结构不合理,既影响学校当下的教育质量,又影响学校可持续发展。教师的性别结构不当,会影响学生的性格、认知和交往能力的发展。教师的学科结构失调,会影响学生全面和个性发展。

再以课程为例,不同类型的课程具有不同的功能。基础型课程主要任务是为学生奠定终生学习、终生发展和适应未来社会所需的共同基础,反映国家对公民素质发展的基本要求,是面向所有学生的课程;拓展类课程着眼于满足学生向不同层次和不同方向发展,开发和培育学生的潜能和特长;活动类课程主要立足于激励学生进行自主学习、主动探究和实践体验,是面向学生不同群体和个体的课程。因此,课程结构关系到能否培养合格人才，能否促进学生个性发展。这也就是为什么历次课程改革都把优化课程结构作为重要任务的原因。

## 五、连续性变革

变革不可能一蹴而就，也不可能一劳永逸，而是一个艰巨的持续过程。如果说变革内容的综合性体现的是横向的整体性，那么变革过程前后连贯体现的是纵向的整体性，即具有时间性的过程整体性。在复杂性视域下，整体更多的不是共时性的构成性的整体，而是在系统演化机制作用下，随着时间而变化的生成性整体。

现实中，学校由于缺少长程设计，加之应付各种外来的变革项目和任务，学校在变革过程中出现迈克尔·富兰所说的"圣诞树"现象，即学校变革项目太多，太凌乱，好似圣诞树上的饰物。由于项目太多，加之学校为应对上级管理部门考核，需要不停地申报新的项目，学校对待项目的态度常常是"打一枪换一炮"，缺乏连续性。其实，学校变革项目不在于多，而在于精，一旦选择了好的项目，应该持续开展研究，不断提升项目的价值，拓展项目的功能。只有这样，才能有效促进学校发展。如本书第三章第四节中提到的上海市曹杨二中"南京生存训练"项目，这个项目经过多年的不断加工、完善，逐步从单纯的以"吃苦耐挫"为目的的生存训练活动发展为融"思想道德教育""研究性学习"等多项功能和价值的特色品牌活动。

变革是否具有连贯性与学校变革策略选择有关。天津教科院陈雨亭研究员提出了"创造性整合"策略。"这种策略的关键是用行动研究的态度,深度研究组织的过去、现在和未来,找到并提炼出组织中那些依然有生命力的元素以及那些稍加修改依然能发挥作用的元素,然后在此基础上整合出一个新的结构。"①笔者认为,这种策略有助于变革的一贯性和连续性。这种变革是一种基于学校历史和传统,基于学校成功经验的自然生长式的变革,用陈雨亭的话来说,也是一种"创痛最少的变革方式"②。

## 六、融合性变革

整体变革所追求的不是简单意义上的综合变革,而是一种融合性变革。

融合性变革是一种高效的变革。"融合"追求的是一种综合效益和集约化效益。现实中,人们对教育的要求越来越多,由此,学校教育内容越来越多,变革项目越来越多,师生负担也越来越重。如何化解这些"越来越多"与教育时空有限之间的矛盾?"融合"无疑是一种很好的策略,因为"融合"是将"加法变成乘法","融合"有助于提高变革效益。

融合性变革是有机关联的变革。融合思维是辩证的、联

---

① ② 　陈雨亭.关注深化学校整体改革[J].天津教育,2013(01):12—13.

系的思维,它用辩证、联系的观点来看待事物,重视事物之间的有机关联,寻找事物之间的契合点,打破事物之间的壁垒,避免各种力量相互拮抗,相互抵消。当前,学校的管理体制主要是科层制,学校教学大部分是分科教学,学校教师大部分时间是一个人面对全班学生,这些情况使学校管理与变革更容易受机械思维、原子化思维的影响,更容易各自为政,相互割裂。要改变这一现状,就必须走融合之路,因为"融合"有助于协同和整合变革力量,发挥管理和变革的整体效应。

融合性变革有助于人的整体发展。整体性变革的一个重要追求是促进人的整体发展。在具体的教育实践中,试图通过德智体美劳"五育并举"的方式来促进人的全面发展。而"五育并举"在实践中难免会产生厚此薄彼或顾此失彼的困惑,因为时间总量是限定的,某方面教育加强了,势必削弱其他方面的教育。要解决这一问题就要靠"融合"。融合性变革强调育人目标的融合、教书与育人的融合、教育与技术的融合、学习与生活的融合。融合有助于化解"五育"之间相互割裂的矛盾,有益于人的整体发展。

融合是整体性的一种境界。"结合""整合"和"融合"都是走向整体的路径。"结合"很大程度上是物理意义上的、表层意义上的"合"。"整合"是化学意义上的"合",是两个及两个以上的个体发生了化学反应而诞生新个体的过程。与"结合"相比,在"合"的程度上,"整合"比"结合"更加紧密,更加难以分开;但"整合"而成的个体,通过化学反应仍然可以拆分。

"融合"是生物意义上的"合","融合"指两个以上的个体融合产生新的个体,而这个新的个体又是一个独立意义的全新的个体,是一种有灵魂的个体。可以说,"融合"是事物之间"合"的理想境界,融合性变革是一种深度的整体性变革。

综上,整体性变革是价值引领的变革,说明学校整体变革也是文化变革。因为学校价值观是学校文化建设的核心。整体性变革是整体取向的变革,表明学校整体性变革也是道德意义上的变革,因为整体性变革更多的是指向人的整体发展,指向整体利益。整体性变革是综合性、结构性变革,说明整体性变革注重要素背后的关系,是关系的变革,而不是就事论事的变革。其中,综合性变革突出外部关系,结构性变革突出内在关系。整体性变革是连续性变革,旨在强调学校变革应遵循过程与结果并重的原则,应重视变革的过程价值和生成价值。融合性变革则是整体性变革的重要方法论和理想境界。

## 第二节　学校整体性变革的突出问题

总的来说,影响学校整体变革的突出问题有三个。一是思维方式简单化。思维方式影响人的认知方式和行为方式。整体性变革是复杂性变革,需要复杂性思维来观照,如果教育管理者(包括教育行政人员和学校校长等)思维方式简单化,学校很难进行整体变革。二是学校受外部干预过多。外部干预过多,学校就缺乏自主策划、自主设计教育变革的时空,学校变革就会呈现出被动应付状态,学校就很难进行整体性变革。三是学校层面的变革比较缺乏。由于学校外部干预过多,学校校级层面变革的意识和能力不强等原因,目前,教育变革更多的是外部主导和教师个体层面自发的变革,更多的是宏观和微观层面的变革,而以学校为主导的,以学校为单元进行统筹策划和推进的变革比较少。

## 一、思维方式简单化

在学校变革中,思维方式简单化主要表现为割裂思维、点状思维、线性思维、标准化思维和结果式思维。

(1) 割裂思维。它是指看不到事物之间或事物要素之间的相互影响、相互作用,将本来具有有机关联的事物或要素人为割裂。这种割裂主要表现在事与事、人与事、过程与结果之间的割裂。比如,学校在制定发展规划时,常常缺少管理变革的内容。其实,管理的重要功能是推进变革,任何领域的变革到深处都必然涉及管理。又如,学校在制定规划时,追求的往往是一个漂亮的规划方案文本,而忽视规划研制的过程对全面了解学校现状,对调动广大师生的主动性和创造性,对培养学校领导团队的策划和领导能力的过程价值。

(2) 点状思维。它是指"攻其一点,不及其余""只见树木不见森林"的思维方式。这种思维方式常常以一点代替全部,以"点上开花"代替"面上结果"。比如,学校在长期发展过程中,往往会在某个学科、某个艺体项目或者办学环境等方面有自己的特长或者优势,有的学校会将此作为特色进行包装和宣传。其实,这些所谓"特色"充其量只能说是亮点,而这些亮点如果片面强化,未必有助于提升学校内涵和质量,因为系统整体观认为"某一局部表现的最优化可能导致对整体的损害"①。某一学科做强,有时会以牺牲其他学科发展为代价。所以,学校特色建设只有在有利于学校整体发展的背景下才具有意义。

在叶澜教授看来,特色是点的弥漫和渗透,特点如果不弥漫和渗透在学校改革的各个领域,就只能是"点"而不是"色"。②再以教学改革为例,一些学校急于提高课堂教学效率,盲目跟风,简单移植外地典型教改经验,如引进山东聊城杜郎口中学的"三三六"自主学习模式、上海杨思中学的"先学后教,当堂训练"等。殊不知,这些做法和经验根植于该校文化传统、师生特点,如将其简单移植,必然会出现水土不服的情况。

(3)线性思维。它是一种单向的、单维的和直线的思维方式。这种思维方式认为事物之间就是决定与被决定的关系,在实践中往往表现对事物进行简单归因,而且是"一果一因"。美国著名课程专家古德莱德就曾批判过这种思维方式:"线性模式狭隘地聚焦于凭臆断产生的目标。分数低于平均

---

① [英]迈克尔·C.杰克逊.系统思考:适于管理者的创造性整体论[M].高飞,等,译.北京:中国人民大学出版社,2005:5.

② 李政涛.校长思维方式的转型与变革[J].基础教育论坛,2013(08):7—9.

数,解决的办法就是延长在校日;儿童阅读不够好,转而关注发音问题;高中毕业率下降了,那就需要更多的荣誉班级和对那些可能学得更慢的差生以严密的追踪。"①古德莱德批评的这种现象,眼下可谓比比皆是。

(4)标准化思维。它是指过于追求规范,追求标准。标准化是机器大工业的产物。工业的标准化有助于质量管理,有助于组织现代化生产,有助于促进国际贸易;但学校不是工厂,学生不是产品,教育也不是"制造"。教育应该有一些基本的规范和标准,但不能一味地追求规范和标准。时下,学校教育存在过于倚重标准和标准泛化的现象。比如,在师资建设方面,过于追求优秀人才比例,把优秀人才比例当作教师发展的唯一标准,于是对照评审要求,想方设法让本校教师参评成功。其实优秀教师的比例只是一个外在的指标,并不能代表教师的真实发展。又如,在标准化思维的影响下,教育行政部门和学校制定了各种常规和规范要求,包括学生行为规范、教师教学规范、教学研究规范等。规范过多容易抑制师生的创造性和个性,不利于学校特色发展。

(5)结果式思维。它是指只关注事情的结果,仅以结果来衡量事物的发展状况,而不去关注这样的结果是如何而来。而且这种结果很多只是体现在一些量化和显性的指标上,如

---

① 杨小微.全球化进程中的学校变革——一种方法论视角[M].上海:华东师范大学出版社,2004:208.

获得了多少奖项,媒体上发表了多少文章,刊登了多少报道,有多少课题立项等。任何事物的发展都是过程与结果的统一。结果思维过滤了事物的复杂性,忽视了事物的本质意义。对于复杂性的教育来说,很多方面难以用量化和显性的指标来判断,难以用单纯的结果来衡量,否则,容易出现"捡了芝麻丢了西瓜"。结果思维还容易导致"形式主义""锦标主义",导致投机取巧,华而不实。

总之,用卡罗琳等人的话来说:"破碎性在学校已成为一种痼疾,一种根深蒂固的形式,资助要求、法律规章等都分门别类,以致走向整体的道路很可能充满障碍、曲折和纠纷,然而,现在学校教育问题非常复杂,最终超越破碎化思维与行动方式对于学校的生死存亡来说至关重要。"①

## 二、学校外部干预过多

教育改革之所以呈割裂状态,与现行的教育管理体系有重要关系。现行的教育管理体系条线较多,每个基层学校向上要面对众多条线或部门,而每个条线或部门都有不同的改革指令和要求。

就教育管理机构设置而言,一般既有按照教育类型和学段来设置,又有按照功能来设置。前者,有基础教育、高等教

---

① [美]卡罗琳·J.斯奈德,等.生活在混沌边缘:引领学校步入全球化时代[M].郑旭东,丁煜,李曙华,译.北京:教育科学出版社,2011:49—50.

育、职业教育、终身教育等管理部门；后者，有组织、人事、计财、督导、德育、法规、宣传、安全、少工委、教育科研、教师培训、招生等管理部门。一般地级市教育行政部门有 20 余个管理部门。如此设置，不仅部门过多，部门之间容易出现工作内容交叉和重叠。

与"政出多门"相应，教育变革还存在"层层加码"现象。比如，近年来，某省教育厅基础教育处推进的重大改革项目就有课程基地创建、教学改革前瞻性项目、特色文化建设工程、高品质高中建设项目、品格提升工程项目等。这些项目改革都要通过市、区（县级市）行政部门来传递和落实，而基层部门一般不会只停留在省级层面的政策传递者和执行者的角色，也要主动创新，于是又会推出一些改革举措。如此一来，层层加码后，学校要应付的各种改革任务就会数量众多，学校的改革也会支离破碎。学校由于疲于应付，很难有自主空间；又由于在同一时间，不同的学校应对相同的改革项目，如此下去，学校之间必然缺乏个性。

当前，"项目为王"成为各级政府重要的发展理念，如某政府机关宣传屏上不停地出现这样的口号："以项目论能力，以项目论水平，以项目论作风，以项目论英雄"。在这种"项目热"的影响下，学校改革项目越来越多，而这些改革项目之间往往缺乏横向联系和前后连贯，难以取得预期效果。

此外，项目申报一般具有竞争性质。处于优势的学校容易获得项目，而这些项目与学校、教师的利益紧密相关，因为大部分项目有专项资金,有无这些项目又影响着学校和教师个人其他方面的评优、评先。如此,就会出现教育的"马太效应",即造成强者越强,弱者越弱,不利于学校之间均衡发展。其实,政府最应该做的是营造平等、自由的发展环境,而不是热衷于给学校和教师分等分类,贴上各种优劣标签。

在这里,笔者并非否认自上而下教育改革的必要性。自上而下的改革是落实国家意志,解决普遍和突出问题的需要,正如迈克尔·富兰所说:"来自上层的政治力量既可以为地方改革施加必要的压力,又可以提供各种机遇,使地方的改革努力合法化。换句话说,自上而下的强制压力和自下而上的变革动力是相互需要的。"①问题是政府行政部门要转变思维方式,做好改革的顶层和整体设计,以避免教育改革支离破碎。政府行政管理部门还应该给基层部门和学校留有自主改革的时空,落实好教育改革的"群众路线"。

## 三、学校层面变革较为缺乏

就变革的发起和实施的主体来说,教育变革可分为政府主导的变革、学校主导的变革和教师个体层面的变革。学校层面变革是指学校为主导,由学校层面发起、策划和推进的变革,是介于国家、地方的宏观层面和教师个体的微观层面之间

---

① [加]迈克尔·富兰.变革的力量——透视教育改革[M].中央教育科学研究所,加拿大多伦多国际学院,译.北京:教育科学出版社,2000:219.

的中观层面的变革。

学校是一种独立的社会组织单元,是一个完整的组织结构和形式,各种不同类型的学校和行政管理机构共同构成教育组织体系。学校应该是教育变革的结构和功能的基本单位。发生在学校里的变革,如果没有学校的积极主导,就谈不上学校变革的整体性。如果学校变革的动力、指令及任务主要来自外部,如果变革只是发生在教师的个体层面,如果变革只发生在课堂教学、课程改革等某一个领域,如果变革只是自发进行,缺少整体和长程设计,凡此种种,都不可能是整体意义上的变革。

长期以来,我国学校层面的变革比较缺乏。"20 世纪八九十年代的教育改革主要集中在宏观尺度的国家教育系统和微观尺度的课堂教学。国家教育系统的宏观改革,主要是教育体制改革,以 1985 年 5 月 27 日中共中央颁布的《关于教育体制改革的决定》为标志,目标是协调不同类型教育之间以及教育和社会之间的关系;微观课堂教学改革,主要是教学方法改革,以语文和数学为主要学科,以教育实验为主要改革形式,目标指向发展学生的能力,让学生学会学习,促进学生的个性和主体性发展。"[①]进入 21 世纪,随着课程改革的推进,尤其是三级课程管理体制的确立,学校在教育变革中的主体意识、主体能力有所增强,以学校为主导的变革不断增多,但

---

① 　王加强. 学校变革的生态分析[D]. 华东师范大学,2008.

总体来说仍然有待加强。

造成学校层面变革缺乏的主要原因有以下三个方面。

一是学校办学自主权缺乏。学校在教师招聘、干部选聘、经费支配和使用、教育教学管理等方面比较多地受制于政府管理部门,缺乏必要的自主权。

二是由于政府部门对学校干预过多,学校缺少时间和精力谋划和推进学校层面的变革。同时,学校还被动接受一些与教学无关的其他社会事务。在访谈中,有校长坦言,我整天收文件、开会、应付检查都来不及,哪有多少时间和精力谋划学校发展。

三是校长变革的意识和策划能力不强。很多校长已经习惯于将自己定位于行政管理者,其主要职责是处理行政事务,而不是学校变革的领导者,对学校变革缺乏自觉意识和积极态度。此外,现有的校长选拔和培养机制不完善,造成校长专业能力亟待提高。如校长一般由在教学上有所建树的教师担任,这些教师未必都擅长管理工作。同时,由于缺乏校长专业晋升通道,很多教师即便做了校长,仍然会把主要精力放在学科发展上,而不愿用在提升管理能力和管理水平上。

## 第三节　学校整体性变革的策略与路径

基于对整体性变革的内涵和学校整体性变革问题的分析,笔者认为,要推进学校整体性变革,必须确立与整体性变革相适应的思维方式,大力推进以学校为主导的教育变革,努力构建多元主体参与的治理结构,积极实施整体建构的学校发展模式。

## 一、确立与整体性变革相适应的思维方式

确立与整体性变革相适应的思维方式,简单地说,是指用整体性思维来认识和对待学校变革。结合前文分析,笔者以为,推进学校整体性变革,在思维方式上尤其要注重以下几个方面。

### (一) 关系性与结构性

任何事物都是由一些要素和这些要素间的关系组成的整体。认识事物的整体性,首先要弄清这一事物有哪些要素组成,但仅此还不够,必须认识这些要素之间的关系。这些要素之间的相对稳定关系又形成不同的结构。而把握结构是把握系统整体性的关键,因为要素相同,如果结构不同,那么整体性质与功能就会不同。我们知道,石墨与金刚石都是由碳元素构成的,但由于它们碳原子的排列方式不同,两者性质差异很大。一个是最软的矿物质之一,只能用来做润滑剂、铅笔芯等;一个是我们已知最硬的物质,可以用来制造钻探机钻头等。

学校变革要摒弃实体性思维,关注事物背后的各种关系,把握各种关系的结构。亦如袁振国教授所强调的"学校教育

需要进行一场结构性变革"①。学校系统存在大量结构,如组织结构、制度结构、人员结构、空间结构、课程结构、评价结构,等等,重组和优化结构是学校变革的重要主题。结构性思维要求我们在制订变革政策,出台变革举措时,打好"组合拳",避免因单向举措出台而产生的负面效应。比如,为了防止民办学校"掐尖招生",教育部门出台了民办学校摇号招生政策,这对于优化教育发展环境,促进教育均衡发展具有重要意义。但这一政策的出台在一定程度上加剧了老百姓争购学区房的欲望。如果这一政策出台时有"多校划片"招生等政策配套,就有可能避免或减少这种现象的发生。

(二) 多视角性与全面性

整体性思维是一种全面思维,而"人类对世界的认识,并不是'镜式的'反映,而是社会的建构;不是全景式的,而是视角主义的;不是说明的,而是解释的;不是价值无涉的,而是深刻的政治学的"②。任何单一的视角都难以认识和把握学校变革的复杂性,都难以保证变革决策的科学性和有效性;任何个人的见解都难免带有个人的价值观念,带有个人"前见",都难免主观武断,难免有偏颇。因此,为全面认识和把握学校系统的本质和特质,提高变革的针对性和有效性,学校管理者要

---

① 袁振国.学校教育需要进行一场结构性变革[J].上海教育,2015(07):62—64.

② 石中英.本质主义、反本质主义与中国教育学研究[J].教育研究,2004(1):11—20.

尽可能借助多元化的视角，依靠集体智慧，集思广益。比如，经常开展与教师、专家学者、政府官员及社会人士的对话活动，倾听和借鉴各方意见。另外，学校管理者还要广泛开展调研，了解实际情况和利益相关者的多元需求，并用联系、辩证、发展的观点深入剖析各种问题，把握各种关系；还要拓宽视野，去全面了解和感知校外各种变化对教育的挑战和影响。

（三）模糊性和直觉性

受科学主义的影响，学校变革存在追求精确化、标准化现象。如制定学生发展目标时，有些专家会要求学校确定年段目标，且年段之间区分非常细致。其实，常识告诉我们，在小学阶段，同年段学生虽然年龄相同，也有很多共性特点，但他们在生理和心理上的发展差异很大。这种差异不仅存在于同年龄同性别的学生之间，更存在于男女生之间。而且，有些目标本身难以标准化和精确化，更难以按年段采用递进的方式来确立。

比如，就道德品质发展目标而言，很难说经过学校教育的努力，高年级学生道德一定比低年级学生好。因为学生的品德发展极其复杂，受多种因素的影响。

又如，目前在教育评价中存在"以量化考核为主要手段，一切都以考核分值为工作目标达成的检验尺度，量化手段的功能被过分地予以夸大，量化方法的使用范围被无限扩大"[1]

---

① 庞守兴. 教育评价中的量化质疑[J]. 教育导刊,2000(2):12.

的现象。这种现象不仅有违事物的本来性质,偏离正确导向,也容易助长学校变革表面化、形式化和功利化。

笔者在调研中发现一所边缘的农村学校热衷于搞航模比赛,而学校和学生家庭又缺乏必要的资金。开始以为该校搞航模,是学校长期办学过程中形成的传统,是学校和学生发展的内在需要,后来才知道,学校之所以要搞这个项目,是因为此项目在比赛中容易拿名次,而拿到名次,在考核评比中就能加分,分数又与绩效工资挂钩。这一事例告诉我们,教育行政部门如果不当使用量化手段,学校办学行为就会异化,学校就很难获得整体发展。

我们既然对学校教育很多方面的认识和评价很难做到精确,很难采取量化手段,那么就需要适当运用模糊思维和直觉思维。模糊思维是在处理不断变化和错综复杂的各个因素时,以不确定发展趋势与现实状态来整体把握事物而进行的全息式、无定式思考的方式。模糊思维具有灵活、简捷、全息、多维无定式等特点,有助于人们整体感知和揭示事物精确的形式背后的内涵。直觉"具有一种不经分析就理解的重要能力——自发地、无意识地把大量信息组织成有意义的整体的能力"①。它的"最大特点是不去区分纷繁复杂的种种现象,

---

① [美]夏洛特·谢尔顿.量子飞跃——改变你工作和生活的 7 种量子技巧[M].刘芊,译.北京:中国财政经济出版社,2008:85.

而是直接去观照万物的统一实相,是一种直观的智慧"①。面对复杂动态的学校变革,很多时候需要我们运用模糊和直觉思维。

## 二、推进以学校为主导的教育变革

学校变革应该以学校为主导,这是学校实施整体变革的重要前提,而要落实学校在变革中的主导地位,必须减少外部干预,重视学校层面的变革。

### (一) 减少外部干预,营造良好环境

"系统在一定的环境条件下,能够自发形成序参量,生成有序结构,这种有序结构是系统要素在序参量统一的役使之下,自然形成的一个不可分割的整体,任何外界的干扰,只会破坏系统的自组织过程,从而造成对系统整体性的破坏。"②既然整体性是学校系统本身应具有的特征,我们就应该充分信任学校,尽可能把人财物有关权力下放给学校,尊重学校的主体地位;就应该减少对学校系统的干预,充分发挥学校自组织力量,让学校自主发展、主动发展;就应该改革现有的教育管理体系,整合、优化部门设置,建立部门之间沟通协调机制,减少政出多门,多头管理,工作交叉重复等现象,切实减轻学

① [美]夏洛特·谢尔顿.量子飞跃——改变你工作和生活的7种量子技巧[M].刘芊,译.北京:中国财政经济出版社,2008:87.

② 黎明.复杂性管理策略:关注整体性[J].重庆与世界(学术版),2013,30(10):21—23+31.

校负担。

同时还要认识到,学校自组织发挥需要依赖一定的环境条件。政府管理部门一方面要无为而治,减少对学校的直接干预,给学校自主变革营造相对宽松和自由的外部环境;另一方面,还要为学校自组织形成和运作创造良好的外界条件,以助推学校系统自组织和整体性机制的形成。正如哈耶克指出:"我们能够为社会秩序的型构创造一些条件……以使它们在恰当的条件下有序地调适它们自己。"①为此,要营造学校发展的公平环境,为每所学校变革提供必要的物质、经费、信息支撑;营造良好的社会舆论环境,转变家长和社会的教育观念,合理引导教育需求,为学校静心发展减少外部压力。

(二) 回归学校主体地位,重视学校层面的变革

重视学校层面的变革有其必然性。学校是一个相对独立的、比较特殊的物理空间、组织空间和社会空间,是构成国家教育的细胞组织,是具体教育实践的主体。学校绝不只是一个管理单位,其组织功能绝不只是上传下达。国家和社会的改革意图不会自动在学校得到贯彻和实施,必须经过学校层面的接纳、同化、整合后才能落实到具体实践。学校内部个体层面的教师改革也要由学校来组织发动和统整。因为学校微观层面的单一变革,只有纳入学校整体变革的视野才能有效

---

① [英]弗里德里希·冯·哈耶克. 自由秩序原理(上)[M]. 邓正来,译. 上海:生活·读书·新知三联书店,1997:201.

推进。正如毛亚庆所言:"学校改革必须从教室教学层面提升到学校组织层面,学校结构系统、管理风格及相应类型成为改革对象。"①总之,没有学校层面的变革,自上而下和自下而上的变革都会流于失败。

华东师范大学基础教育改革与发展研究所曾在 2005 年提交给政府的报告中写道:"体制改革与学校内部教育改革密切相关,但不能相互代替。宏观教育体制改革的目标、改革方式、改革内容,与学校内部教育改革有相当明显的差异。宏观教育体制改革的效应也不会自动转换为学校教育的发展和中小学生素质的提高。而且,提高学生素质的教育主战场只能在一所所中小学……在今天,素质教育要成功实施,必须把重心下降到以学校为单位的综合、整体改革,不能停留于自上而下推行教育的单项改革。只有激发学校教育改革的活力,素质教育才会出现新局面。"②这份报告充分地强调了学校层面变革的必要性。

其实,重视学校层面的变革,不仅在中国有呼声,国外亦然。如美国著名学者古得莱得指出:"教育变革最理想的单位是由学生、教师和校长——每天都生活在这里的人——作为主要参与者组成的单独学校。"③又如,"德斯姆将美国 20 世纪 80 年代以后的教育改革阶段称为 3 次'浪潮',认为美国教

---

①　毛亚庆. 应注重以学校为主体的校本管理[J]. 教育研究,2002 (4).

②③　王加强. 学校变革的生态分析[D]. 华东师范大学,2008.

育改革的最终走向是以学校为变革单位的'综合的学校变革'。"①

## 三、构建多元主体参与的治理结构

"教育是由不同的利益的掌握者所塑造和拥有。"②学校是不同利益相关者的学校,这些利益相关者都是学校变革的动力源,都应该是学校变革的主体。正如富兰所言:"变革太重要了,不能只交给专家去搞","每个人都是变革的动力"。③不同利益主体参与既有助于集聚多元智慧,整合变革力量,又有助于协调各方利益,从而助推整体变革。

(一) 校长是变革的"掌门人"

美国学者托马斯·萨乔万尼认为:"就维护和改进优质学校而言,学校的任何其他职位都不具有比校长更大的潜力。"④我们平常经常听到这样一句话,"一个好校长就是一所好学校"。其实就是强调校长对于学校变革和发展的重要性,

---

① 王加强. 学校变革的生态分析[D]. 华东师范大学,2008.

② [加]迈克尔·富兰. 变革的力量——透视教育改革[M]. 中央教育科学研究所,加拿大多伦多国际学院,译. 北京:教育科学出版社,2000:116.

③ [加]迈克尔·富兰. 变革的力量——透视教育改革[M]. 中央教育科学研究所,加拿大多伦多国际学院,译. 北京:教育科学出版社,2000:53.

④ [美]托马斯·萨乔万尼. 校长学:一种反思性实践观[M]. 张虹,译. 上海:上海教育出版社,2004:117.

强调校长是学校变革的领导者和"掌门人"。当然，"校长是掌门人"只是一个应然的命题，校长能否起到变革掌门人的作用，取决于很多因素，其中校长对变革态度、角色认知最为重要。

如果校长是"秩序的维护者""稳定的代理人""具体事务的管理者"，甚至是"变革的阻止者"等角色，那么，这样的校长只是一个变革的"守门人"的角色。可想而知，这样的校长不可能领导和促成学校整体变革。当前，在整个社会都处在变革的背景下，"是对那些不促进学校工作机制和文化之自然变革的校长采取零容忍的时候了；我们国家的存亡也许就取决于这些变革"①。

如果校长是学校变革的发起者、组织文化的重塑者、团队建设的引领者、学习型组织的倡导者等积极意义上的角色，那么，校长才会是学校变革的"掌门人"。这种掌门人必然也是学校整体变革的引领者和促进者。需要指出的是，校长要当好"掌门人"，不是指校长要独揽大权，不是强调个人的领导力量。校长当好"掌门人"的最重要任务是调动所有利益相关者关心和投身学校变革，是把"领导"变成内在的东西，②让每个人都成为学校变革的领导者，放大学校变革的整体领导力。

---

① ［美］卡罗琳·J. 斯奈德，等. 生活在混沌边缘：引领学校步入全球化时代［M］. 郑旭东，丁煜，李曙华，译. 北京：教育科学出版社，2011：105.

② ［加］迈克尔·富兰. 变革的力量——透视教育改革［M］. 中央教育科学研究所，加拿大多伦多国际学院，译. 北京：教育科学出版社，2000：93.

（二）教师是学校变革的主体

迈克尔·富兰指出："学校获得成功的内在机制在于教师。"①换句话说，学校变革能否成功，关键在于教师。教师既是教育的实践者也是教育变革的实践者，同时又是教育变革的发起者、推动者和领导者。

首先，教师个体变革是学校变革的重要起点。不同教师的日常变革，日积月累，形成变革的合力，成为教育发展的重要力量。学校应通过价值引导、政策激励等方式唤醒教师参与学校变革的主动性和创造性，应注重减轻教师不合理的负担，使教师有时间和精力参与学校变革。

其次，教师也是学校变革的重要领导力量。有人说，爱迪生最重要的发明不是电灯，而是他的发明实验室，是发明实验室将众多科学工作者组织起来，以集体力量造就了科学研究的神话。对于学校变革来说，应着力打造良好的教师团队，发挥团队在变革中的价值引领和力量集聚的作用。学校应建立健全教职工代表大会等有关制度，为发挥教职工参与学校决策提供制度保证；应积极推进学校组织变革，建立各种非行政性组织，为教师参与学校变革搭建各种平台。

（三）学生是学校变革的主体

"学校变革对每个个体来说，都是一种关系到人的现象。

---

① ［加］迈克尔·富兰. 变革的力量：续集［M］. 中央教育科学研究所，加拿大多伦多国际学院，译. 北京. 教育科学出版社，2000：23.

学生,即使是小学生,也是人,如果在学校变革中,他们不具备某些(对他们来说是)有意义的角色,那么大多数的学校变革,或者更确切地说,是大多数的教育都将失败。"①学生具有参与学校变革的能力和潜能,挪威学者波尔·达林指出:"仅仅把学生当作客体是一件很危险的事情,学生掌握着有关学校的第一手资料,如果说有人知道学校教育问题的症结所在的话,那肯定是学生,学生拥有有价值的信息。"②学生也具有参与学校变革的权利。《国家人权行动计划(2009—2010年)》强调要"根据儿童的身心发展程度,创造空间和机会,扩大儿童在家庭、学校、社区和社会生活中的参与"。

把学生作为变革的主体,一方面要确立儿童立场,依据儿童的身心特点,从儿童的视角来制定学校变革的方案和措施;另一方面,要搭建各种平台,为学生参与变革创造机会。比如,常州市局前街小学在学校翻建时,开展了"我为学校建设献一计"活动,引导学生积极参与学校建筑设计,组织学生用自己的作品装饰校园空间。如此这般,学校的空间才能适合学生的心理特点,才会充满童趣。学校设计,是一项专业化的工作,不可能都有学生来进行,但设计者应充分从儿童立场出发,方便儿童生活和学习,符合儿童的身心特点。

---

① [加]迈克尔·富兰. 教育变革新意义[M]. 赵中建,等,译. 教育科学出版社,2005:160—161.
② [挪威]波尔·达林. 理论与战略——国际视野中的学校发展[M]. 范国睿,译. 北京:教育科学出版社,2002.

（四）家长是学校变革的主体

"调动'家长和社区的力量'是全面改革和局部改革的分水岭。"①"一些致力于全面改革的学校,会努力尝试与外部建立多元的、持续的、密切的合作关系,既注重家长对学校及其子女教育的参与性,而且也积极加强与地方社区之间的相互联系和合作共生。因此,家长和社区的参与也是变革的重要力量。"②

家长是教育变革利益的重要相关者,应具有参与学校变革的权利、义务和意愿。家长参与可以减少学校变革的阻力。对于一些涉及学生重大利益问题时,家长参与有助于避免和化解家校矛盾。常州市第二十四中学在高中自主招生实名推荐、学校校服款式的选择、新生均衡分班等重大决策时,由学校家委会参与共同完成。常州市星河小学和龙虎塘实验小学在新校区建设时,学校环保检测等工作由家长协助参与完成,这样做,解决了新校区使用过程中家长普遍担心又极易引发舆情的问题。

家长参与,能为学校变革提供智力和资源支持。家长作为学校发展的受益者,他们愿意为学校变革献计献策,提供各种支持。比如,常州市勤业小学开展民俗教育,其中有几位兼

---

① [加]迈克尔·富兰. 变革的力量:续集[M]. 中央教育科学研究所,加拿大多伦多国际学院,译. 北京:教育科学出版社,2000:59.

② 李佳敏,范国睿. 从复杂到简约:学校变革路径探索[J]. 教育发展研究,2009(22):14—18.

职教师就来自家长。学校以这些家长为桥梁，又调动了社区资源。学校成立了舞龙队，在家长的协同下，社区几位老人志愿担任教师，而学校舞龙队也进社区义务演出。

此外，学校还应该积极争取社会人士、科研人员的参与，发挥他们参与学校变革的积极性和主动性，集聚各方力量。

## 四、实施整体建构的学校发展模式

学校整体性变革依赖于学校变革模式的创新。"学校领导者要积极转变自身的思维方式，在寻找变革关键要素的同时，还要关注'关键要素'背后的'复杂'关系，关注要素之间的变化和转化，以综合、自主、多样、动态的思维方式，整合汇聚各种变革力量，整体地设计并推进学校变革。"[①]如何整体设计和实施学校变革？中国教育科学院陈如平教授提出了学校改进的整体建构模式。笔者认为，这种模式对于学校整体变革很有指导和借鉴价值。在陈如平教授看来，整体建构包括三个层面和五个步骤。"三个层面"包括"价值观""方法论"和"操作体"，三者上下衔接、相互关联、形成体系。[②]

（一）构建学校发展的"价值观"

"价值观的确立是'整体建构'的前提。它要求回答'学校

---

　　① 李佳敏，范国睿. 从复杂到简约：学校变革路径探索[J]. 教育发展研究，2009(22)：14—18.

　　② 陈如平. 学校发展模式的整体建构[J]. 中国德育，2014(04)：43—47.

是什么''学校具有什么使命''学校发挥什么作用'等一些基本问题,其核心是学校的办学理念。"[①]办学理念是学校发展的总的指导思想,是学校发展之魂。眼下,广大中小学都十分重视确立学校的办学理念,但办学理念要成为学校改革和发展的灵魂是有条件的。笔者认为,良好的办学理念必须具有"大空间"[②]。

首先,办学理念应该有较大的"包容空间"。办学理念应该是引导学校整体发展的上位理念,对学校方方面面的工作有渗透和影响作用,理应有较大的包容空间。比如,A学校原来的办学理念是"培养有根的中国人",后又觉得将"培养有根的中国人"作为学校的德育目标比较合适,作为学校的办学理念则缺乏统领意义,甚至未免狭隘。受校名启发,该校将办学理念改为"办如春教育,育有根新人"。春天,阳光普照大地,春雨润物无声,万物复苏,活力勃发。这些特征正是教育所追求的。而"有根新人",则要求把学生培养成既不忘文化传统,又适应时代变化,同时还胸怀世界的人。

其次,办学理念应该有较大的"合理空间"。学校的办学理念不能空穴来风,也不能完全基于校长的个人偏好,应具有合理性。第一,办学理念应该符合现代主流教育理念和教育

---

① 陈如平."整体建构":学校改进的实践模式[J].中小学管理,2015(04):18—20.
② 鲁兴树.搜狐网.办学理念要有"大空间"[EB/OL].(2018-10-16)[2020-12-28].https://www.sohu.com/a/259806266_100006965.

政策取向,不能走偏;第二,要结合实际,适应学校特点。比如,B学校原来的办学理念是"享受幸福童年",后又觉得该理念比较空洞,且与很多学校雷同。经研究,该校将办学理念改为"践行自然的教育,孕育幸福的童年",这样既继承了原有的办学理念,又有了新的内涵,其重心是"自然的教育"。该校处于城市边缘的农村地区,有一个面积颇大的生态园,学校还曾被评为绿色学校,又与当地环保企业建立了友好的关系,这些都与"自然"颇有联系。更重要的是,"自然的教育"的内涵不仅仅是保护生态的教育。从教育方式看,是顺应天性、适应人的自然发展的教育,是遵循学生成长规律的教育。"自然的教育"主张,教育不是灌输,更不是强迫和压制。于是,这所学校有了既符合本校特点又符合教育主流观念的教育哲学。

最后,办学理念应该有较大的"生长空间"。办学理念应对学校诸方面工作有长期而广泛的影响,其本身的意义和内涵应该不断丰富和提升。比如,C学校所在地名为三井镇,为弘扬当地文化,学校文化建设在"井"上"做文章",提出了"学如穿井"的校训。在此基础上,又把"求原"(倡导"穿井"精神,即一种追根究底、锲而不舍、百折不挠的学习和探究精神)作为学校发展理念,后又提出"求原教育"的概念。那么,"求原"又该怎样落实到课程建设、课堂教学、学校管理等诸多方面?这些都有待于学校的探究、发掘、丰富、提升,进而体现出办学理念广阔的生长空间,而这一过程也正是学校内涵发展的过程。

办学理念只有具有如此意义的"大空间",才能较好地引领学校整体变革,促进学校内涵发展。

(二) 确立学校变革的"方法论"

此处的方法论,按照陈如平的观点,是指在全面、深刻分析校情的基础上,围绕办学理念、培养目标、发展主题或者发展愿景,运用整体思维和系统思维,用结构图、流程图或者象形图等形式表达出来的体现各要素之间关系的发展框架或者模型。

常州市星河小学以"办一所人人有好奇心、个个有创造力的创想学校"作为共同愿景,力求让"每个孩子都成为银河中闪亮的星星"。为此,他们整体构建了"儿童创想课程"①。

---

① 庄惠芬."儿童创想课程"的整体构建与实践创新[J].江苏教育研究,2017(S1):28—32.

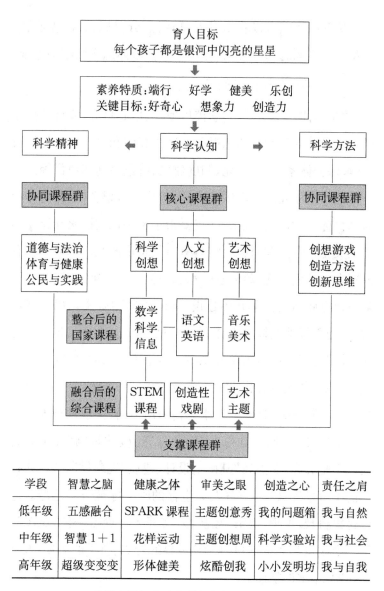

**常州市星河实验小学儿童创想课程图谱**

| 学段 | 智慧之脑 | 健康之体 | 审美之眼 | 创造之心 | 责任之肩 |
|------|---------|---------|---------|---------|---------|
| 低年级 | 五感融合 | SPARK 课程 | 主题创意秀 | 我的问题箱 | 我与自然 |
| 中年级 | 智慧1+1 | 花样运动 | 主题创想周 | 科学实验站 | 我与社会 |
| 高年级 | 超级变变变 | 形体健美 | 炫酷创我 | 小小发明坊 | 我与自我 |

从图中我们可以看出育人总目标、分目标、分课程群、学科及学习主题之间的关系,体现了一种整体思维和结构思维。

(三) 寻找学校变革的"操作体"

"操作体"主要指落实学校价值观、培养目标,践行学校变革"方法论"的实践载体和抓手。这些载体和抓手可以是学校环境、课程体系、学校文化、制度建设、特色活动和项目等。

常州市新北区春江中心小学把"培养有根新人"作为办学的总目标。所谓"有根新人"主要指了解和认同国家和家乡的传统文化,又适应时代变化,具有时代特征的人。如何培养有根新人? 他们首先以环境建设为载体。2010 年,春江中心小学在地方政府支持下开始建设"春江镇非物质文化遗产展示馆"。为更好地发挥教育作用,该馆后改进为"春江非遗文化互动体验馆"。体验馆总面积 300 多平方米,共分"儿时玩趣""春江私塾""人生礼俗""民间艺术"等八个主题展厅,还设有"手工作坊""探究性空间""唱春传习所"等社团活动基地。

不仅如此,他们觉得"有根新人"还应该是"胸怀世界的人",于是又在"非遗馆"基础上设计、建设"地球村",意在让孩子们了解世界文明,了解人类生存的唯一家园——地球。地球村集科技、地理、政治、经济、人文等多方面于一体,试图让每一个学生都能在这里感受到世界的奇妙、科学的奥秘、人类的文明、宇宙的浩渺。

除了在环境建设上下功夫外,学校充分利用学校场馆和地域文化资源开发了春江地域、春江童玩、春江美食等七大版块为主的春江非遗文化课程群。同时，学校还开展各种具有地域文化特色的非遗类的社团活动，如舞龙、打连厢、刻纸、彩陶、唱春等。此外，他们还将传承非遗文化与语文等学科教学、与综合实践活动课、班队课、品德课等深度整合，构建了学校文化系列经典特色活动。这些活动包括二月元宵节、三月桑蚕节、四月故事节、五月艺术节、六月端午节、九月中秋节、十月重阳节、十一月美食节、十二月运动节等。

可以看出，春江中心小学围绕培养目标，积极创新环境载体、资源载体、课程载体和活动载体。这些载体有很好的针对性和可操作性，为实现培养目标提供了重要保证。

陈如平教授还将上述"三个层面"具体化为"五个步骤"，即梳理办学理念—明确发展主题—构建发展体系—创新实施载体—创建学校特色。"三个层面"体现出结构的整体性，"五个步骤"体现出学校发展过程的整体性，两个方面都极好地体现出学校变革的整体性和系统性。

## 第四节　学校发展规划的内在一致性

近年来，地方教育管理部门和广大学校越来越重视学校发展规划，试图把学校发展规划作为推进学校整体变革与发展的重要载体和抓手。理论上，规划本身就是一种系统和整体的设计，但在实际中很难保证每个规划都是系统和整体设计的结果。笔者认为，要使规划具有整体性，一个重要策略就是使规划具有内在一致性。为此,本节专门讨论怎样使学校规划具有内在一致性。

现代系统论认为,任何事物都可以看作是一个由各种要素构成的具有独特结构的系统。因此"内在一致性"应该是衡量事物质量和品质的重要视角。学校发展规划本身应该是系统思维的结果,是"多"与"一"的统一,其结构更应该体现"内在一致性",否则难以获取最佳系统效能。从关系思维的角度来审视,一个好的学校规划应该体现"魂体合一""前后观照""左右并列""形神一致"。①

## 一、魂体合一,彰显规划的方向性

学校发展规划必须要有"魂"。这个"魂"主要指学校的理念系统,它体现学校的价值观和办学追求,对整个学校发展规划起着统领作用。学校发展规划中的"体",主要指规划中的发展任务和举措等。笔者发现,一些发展规划的理念系统与规划的目标及措施并非一致,成为彼此不太相关的"两张皮",出现"魂不附体"的现象。比如,有学校提出"办有故事的学校",但对于什么样的学校才有故事? 这里的故事又指什么? 没有清晰的解读,规划的内容和举措也没有体现怎样"办有故事的学校"。

---

① 鲁兴树. 例析学校发展规划的内在一致性[J]. 江苏教育,2018 (18):23—25.

"魂体合一"，规划才能真正具有灵魂，才能真正发挥理念的导向作用，彰显学校规划的个性和特色。

比如，常州市春江中心小学的办学理念是"办像春天一样的教育"，用春天的一些特质来喻意教育的追求。春天，阳春布德泽，万物浴春晖；春天万物复苏，充满生机；春天百花齐放，万紫千红；春天润物无声。因此，像春天一样的教育，是爱的教育、公平的教育、个性化的教育、注重陶冶的教育。为落实这一办学理念，他们致力于开展打造"润泽"课堂，实施"如春"课程，建设"绿色"校园等活动。如此，"办学理念"才能落实到学校工作的方方面面。

又如，常州市银河幼儿园，他们的办园理念是"呵护生命成长的胚芽"。他们认为，幼儿是一个个鲜活的胚芽，蕴含着巨大的生命潜能，幼儿教育就是点燃每个胚芽内在的生命力，让胚芽自由萌发、健康成长，让幼儿天性释放、灵性璀璨、品性张扬。怎样落实这一办学理念？他们设计了野趣运动课程。通过让儿童在自然的状态下，选择自己感兴趣的运动项目来释放天性，张扬个性。这样的课程正是支撑了该园的办园理念。

要保证规划的"魂体合一"，需从三方面着手。一是理念本身必须恰当，既要符合现代教育的主流理念，又要结合学校实际，具有科学性、统摄性、导向性。这样的理念才不至于只能漂浮在云端，而不能落地。有学校提出："让每个孩子得到最好的发展，让每个家庭享有最大的幸福。"这种类似于口号的理念本身过于空洞,很难落到实处。二是要对办学理念的内涵进行充分而明晰的解读,这是理念落实的中间环节。比如,前文中有学校提出"办像春天一样的教育",那么就要明晰:什么才是像春天一样的教育,这样对学校各项工作才具有导向性。三是在制定学校的发展目标和各项改革措施时,应该以理念为指导,尽可能主动"对接"办学理念,而不是把理念当作可有可无的摆设和标签。

## 二、前后观照,彰显规划的针对性

"前后观照"是指规划的文本应该体现前后呼应。发展规划一般遵循"问题—解决式发展策略",背景分析里提出的存在问题,应作为确立发展目标和改革举措的重要参照;规划中提出的发展目标,后文中应该有相应的举措。但现实中,一些发展规划并没有做到前后呼应。

比如,某校在背景分析里写到"教师发展意识薄弱,领军教师缺乏",可规划的后文中没有涉及针对这一问题的改革项目和创新举措。又如,有学校发展背景里提出"德育实效性不强",那么,该如何提高德育实效性? 办学举措中却未见有对应的行动策略和具体办法。

出现这一现象,部分原因是背景分析不到位。背景分析,是规划制定的基础,很多学校在做背景分析时,缺乏分析框架和参照系,分析时想到哪里说到哪里,比较随意。比如,前例中,该校是不是真的存在教师发展意识薄弱问题? 是通过什么方法和途径来得出这一结论的？是否运用了访谈、问卷等调查方法？如果真的存在这一问题，应该分析其原因，在多大程度上薄弱？这样才有利于找准病因，对症下药。又如，后例中提出"德育实效性不强"，那么，其原因究竟在哪里？是内容缺乏针对性，还是途径、方式方法等方面有问题，还是缺乏课程资源？只有做出具体而细致的分析，才能有助于寻找对策。

发展规划只有做到"前后观照"，才可能在实践中有效落实。比如，常州市第三中学，通过对现有学校课程全面分析后，认为学校课程开发比较零散，需要体系化和结构化，对此，在新一轮规划中，他们把完善课程体系作为重点项目并构建了课程体系结构图。常州市翠竹中学提出"建造现代化的社区中学"目标，为实现这一目标该校列出的主要举措概括如下：打造没有"围墙"的育人空间；开发灵活多元的社区中学功能；探索与社区合作互惠的课程开发模式和课程资源；探索与社区共建的管理模式等。这样一来，规划才能真正成为学校发展的蓝本，才能不至于只是"抽屉文件"。

当然，要做到"前后观照"，不仅要找准问题，还要创造性地找到对策。就拿"德育的实效性不强"这一问题来说，这本身就是一个教育难题，克服这一难题，有赖于结合学校实际，并运用教育学、心理学等原理进行改革创新。比如，常州市第二实验小学为提高养成学生良好行为习惯，推进小公民德育实践活动，策划开展了校内"形象代言人"评比活动。这里的"形象代言人"是指学生身边的代表性人物，是多种类型（如礼貌待人、助人为乐、诚实守信等)的形象代言人,而且这种评比过程又是经过充分策划和精心设计的,以凸显和放大活动的价值。如活动本身要求同学积极参与,并有多个环节。这些环节包括宣传发动、申报形象代言人、选拔形象代言人、展示形象代言人、挑战形象代言人等,每个环节都尽可能地发挥其教育价值。这样一个活动项目适应学生身心特点,是学校德育载体和活动形式的创新。一个好的学校发展规划应该具有类似的创造性改革举措,而不仅仅是一些对应性的工作安排。当然,在规划的文本中未必要体现这一活动的具体设计方案。

此外,"前后观照",还应该表现在,对规划提出的目标任务、举措有对应的保障措施,以确保提供规划实施和达成所需要的各种资源。

### 三、左右并列,彰显规划的条理性

"左右并列"是指遵循结构性思维,陈述规划时尽可能条理清楚,不重叠、不遗漏。

一般说来,规划的主体部分主要包括学校管理与文化建设、课程与教学改革、学校德育、教师队伍建设与教育科研等领域。当然不同的学校可结合学校实际,在遵循某一发展理念和一定的结构性前提下来安排规划的内容组成。如常州市"新基础教育"实验学校的发展规划,其主体部分一般以"成人"与"成事"的统一来作为规划的逻辑线索。其规划主要分为这样几个领域:学校管理改革与领导团队建设、学校教学改革与教师团队发展、学生发展与班主任队伍建设等。

不管规划主体内容怎么组成，都应该遵循结构性原则，尽可能穷尽和有条理地呈现。现实中，一些学校的规划，在内容组成上，往往比较随意。比如，某地在制定第三轮规划中，局领导提出要重点突出，于是乎，有的学校发展规划内容比较单薄，有的甚至用几项工作代替学校发展的几大领域，而谋划和确定这几项工作时又缺少整体思维的观照。又如，同样是该地，在做第四轮学校规划时，行政领导强调，新规划要以课程建设为核心。于是，有的学校只做课程规划，认为课程做好了学校自然而然就会得到很好的发展。这其实是点状思维的使然，殊不知，课程建设离不开学校其他方方面面工作的支撑，如离不开教师队伍建设，离不开学校管理改革的跟进。其实，任何改革改到深处都要涉及管理改革，可是很多学校几轮规划做下来，却未在管理改革上做文章。

"左右并列"还应表现在规划的其他内容上。比如，在学校发展背景分析部分，有的学校在表述存在问题时，共列出12个条目，而这12个问题中，有的是相互重复交叉的，应该予以归类。如可将"教师的教学水平不高、教师的数量不足、教师年龄结构不合理等内容"归结为"教师队伍建设"，作为一个问题的类别，这样才能条块分明，思路更加清晰。

又如，有学校将培养目标表述为："诚实守信，文明有礼，身心健康"。"诚实守信"和"文明有礼"都是指德育方面，两者的内涵有重叠。就整体而言，这样的培养目标也有点狭隘，没有涉及智育等方面，且德育方面也比较片面。如果将其改成"诚信守礼、身心健康、素养全面"，那么无论从思维结构上，还是从学生素质的应然要求来说，可能更为合理。还有学校提出"三能"的学生培养目标，即"能写一手好字、能写一篇好文章、能掌握一项健身技能"。这种提法，也欠妥当。为什么只注重这"三能"，这"三能"是不是都能涵盖和突出学生的最基础或最核心的素养？无疑，这种表述从科学性和逻辑性上都有问题，甚至只是规划制定者的一种个人偏好，或者是未经充分斟酌的随意表达。

### 四、形神一致，彰显规划的操作性

此处"形"主要指规划的表达形式和方式，"神"主要指所要表达内容的性质或者特点。"形神一致"是指不同性质和特点的内容应该用不同的表达方式。

就总体而言，规划的文体应该是公文文体，具有法律性语言的特点，其表达应该庄重、准确、朴实、精炼、严谨、规范，不能像写论文那样讲道理，也不能像写散文那样抒情。另外，规划的语言，也不同于领导讲话和一般工作指导意见，应很少出现指示性的"要怎么做……""要干什么……"等表述，因为规划是表达规划制定者自己今后一段时期要做什么，而不是要求别人做什么。

就规划的具体内容而言，不同性质的内容应该体现不同的表达方式。

办学理念的隐含主语应该是学校,是阐述学校怎样办学,可是很多学校办学理念的表述却未体现这一要求。如有学校将办学理念的表达类似为"追求和谐、享受快乐""明德博学、和谐发展"。这些表达,从形式上更适合作为校训,因为校训是学校对学生和教师在发展目标和道德行为等方面提出的要求,它的实际主语应该是学生或教师。比如"明德博学",应该是学生或教师明德博学而不是学校明德博学。

发展目标是指经过若干年努力希望达到什么状态、什么标准,是指发展结果,用主谓结构的句式表达,可能更为合适。可有的规划中则用过程性语言(动宾结构句式)表述。举例来说,有学校把发展目标表述为:"建立体系化课程,促进学生多元化发展;改革和创新学校制度,完善师生评价体系;加强礼仪教育,强化学校德育特色化建设。通过三年的发展把学校建设成现代化优质学校。"

这种表达,不如改为:"通过三年努力把学校建设成课程体系健全,礼仪教育特色彰显,学校制度先进,学生多元发展的现代化优质学校。"这样则更像一个结果式的表达,更能体现发展目标的意蕴。

"发展举措"的表达,应该具有可操作性和改革性,尤其是学校层面的规划。因为学校是教育变革的基层单位,学校规划必须落到底,落到实。现实中,有的学校规划过于模仿上级行政层面的规划,原则性和抽象性的表达比较多,具体操作性的举措比较缺乏。如某校德育工作举措表述为:

1. 落实德育工作法规,以道德礼仪、集体主义、心理健康和素质教育为主旋律,引导学生树立正确的世界观、人生观、价值观,积极向上、健康成长。

2. 抓好"三风建设",从大处着眼,从细节入手,从点滴开始,努力培养求精求真、文明守信、自主发展的学生。

3. 改革德育工作的策略,建立全员参与,学校、社会、家庭三位一体的开放的教育系统,加强德育与学生生活和社会实践的联系,让学生在活动中体验、在体验中感悟、在感悟中成长,全面提高学生的综合素质。

这样的表述,过于原则性,缺乏具体性。如"加强德育与社会实践的联系",应该化为具体项目和举措。比如,"建立什么样的校外社会实践基地""组织开展什么样的社会调查活动""开展什么样的研究性学习"等。

规划是学校发展的纲要,可是有的规划在表述举措时,又过于琐碎、冗长。有学校在表达德育举措时这样写道:"打破年级限制,创立学校班主任名师工作室。工作室将招募学校各年级优秀班主任,以领衔人为首,带领一批班主任开展德育工作研究、班主任工作基本功培训、邀请名家讲座、开设德育讲座、开设班会公开课等一系列活动……提高全体班主任的业务能力、提升全体班主任的德育境界和水平,最终增强全校班主任队伍的力量。"

笔者认为,这种表述如果变为"建立学校班主任名教师工作室,发挥工作室开展德育课题研究、组织策划全校班主任培训和学生大型德育活动的功能"则更加简洁明了。至于名师工作室具体如何运行,应该由相关部门另外制定实施方案。

　　规划的"内在一致性",应体现在多个方面,本书只是从空间的视角做一粗浅探索。需要指出的是,强调规划的内在一致性,不只是为了形成一个漂亮的文本,规划的真正目的是在"成事中成人",是促进学校和师生的发展;但是文本是发展规划制定和实施的载体和重要成果。一个好的规划文本能反映规划的形成过程和决策者的智慧,如果一个学校做不出好的规划文本,那么,可以肯定这个学校的发展就不可能取得很大进步,或者说,这所学校的发展可能性不会在很大程度上打开。

# 第六章　从控制到激活：
## 彰显学校变革的生成性

我们自己从学校开始和组织打交道，决定了大多数人只能看到一个机械的世界——一个充满措施、计划和项目的世界，一个由人们来"控制"、由领导者"推动"变革的世界，这就使我们看不到生命世界中的一些关键特征，它们决定着我们能否成功地持续进行变革。

——[美]彼得·圣吉

前文指出,不确定性是生命有机体的重要特征,学校作为复杂的有机体,其变革和发展既有确定性一面,又有不确定性一面。不确定性,一方面使得变革过程难以预料和控制,另一面方面又为变革过程中的生成和创造提供了机会。学校变革的不确定性要求以生成性思维对待学校变革。

彼得·圣吉认为:"我们自己从学校开始和组织打交道,决定了大多数人只能看到一个机械的世界——一个充满措施、计划和项目的世界,一个由人们来'控制'、由领导者'推动'变革的世界,这就使我们看不到生命世界中的一些关键特征,它们决定着我们能否成功地持续进行变革。"[①]诞生于大工业社会的现代学校,往往被看作机器,其改革和发展,被认为是完全可以预设的、可控的,有什么样的变革举措就一定有完全对应的结果。由此,出现对学校干预过多、控制过多等现象。相反,如果把学校看作生命有机体,那么,就会以复杂和动态的思维看待学校,就会重视学校变革过程的不确定性和生成性。"当领导者用'生命有机体'的隐喻取代有关学校的'机器'隐喻,并改变他们管理与领导行为,以鼓励成长代替顺从时,成功的变革就会以自然而然的方式发生,虽然变革并非一帆风顺。"[②]即在有机体隐喻下,学校变革更多地表现为自

---

① [美]彼得·圣吉. 变革之舞——学习型组织持续发展面临的挑战[M]. 王秋海,等,译. 北京:东方出版社,2001:573.

② [美]卡罗琳·J. 斯奈德,等. 生活在混沌边缘:引领学校步入全球化时代[M]. 郑旭东,丁煜,李曙华,译. 北京:教育科学出版社,2011:65.

然性和生成性。

# 第一节　学校变革生成性的内涵

要想使学校变革从控制走向生成,首先应该讨论学校变革生成性的内涵,而要探讨学校变革的生成性,又有必要明晰什么是"生成"? 什么是"生成性思维"? 本节内容主要阐释"生成""生成性思维"和"学校变革生成性"的特点。

## 一、"生成"的含义

"生",《汉语大词典》解释为滋生、产生。[①]《康熙字典》中的解释是:"生,起也;生,尤动出也,又养也;生,尤造也。"[②]结合《新华词典》中的解释,可以认为,"生成"中的"生"具有诞生、滋生、生长、生产、创造等含义。

"成",《说文·戊部》《玉篇·戊部》中解释为:"成,就也。"《庄子》中这样解释:"其分也,成也;其成也,毁也。凡物无成与毁,复通为一。"[③]在《新华词典》里,"成"具有完成、长成、变成等意。

概而言之,"生成"具有生长、建构、生就、创生、自然形成

---

①　罗竹风.汉语大词典(7卷)[Z].北京:汉语大词典出版社,2001:1486.

②　凌绍受.康熙字典[Z].北京:中华书局,1962:754.

③　曹基础.庄子浅释[M].北京:中华书局,2002:25.

等意义,是指从无到有,由弱到强,从一种状态转换为另一种状态的过程。

"生成",在哲学语境下,常常是与"预成"相对的概念。"预成"强调确定性,强调事物按计划发展以达到预期结果。"预成性思维先在地设定事物本质和规律并按这种设定来认识和控制事物的发展。而生成性思维认为事物及其本质是在其发展过程中生成的而不是预先存在的。"①

生物史上曾有"预成论"与"生成论"之争。亚里士多德最早提出个体发育的两种可能性,一种是先成论,即胚胎中的每件东西从一开始就预先形成,发育期间只是简单地放大;另一种是后成论,即新的结构是在发育期间渐渐产生的,并将其比喻为织网。此后很长一段时间内,先成论因神创论的支持而占有统治性地位。直至 1759 年,胚胎学家沃尔夫提出渐成论,1828 年胚胎学家冯·贝尔提出"生物发生律",1839 年施来登和施旺提出细胞理论,预成论不断遭到否定。

其实,在生物发育过程中,"预成"与"生成"现象同时存在,不能将二者完全视为对立。"预成是指遗传决定的种系发育模式,是生命个体得以发生的前提,具有保守性。生成则指发育模式与环境相互作用使发育现实化的过程,这个过程产生种内个体间的多样性。这两种过程的相辅相成使生命活动

---

① 罗祖兵.从"预成"到"生成":教学思维方式的必然选择[J].课程·教材·教法,2008(2):21—26.

得以现实地展开。"①

预成论思想主要来自建立在牛顿经典力学、笛卡尔方法论等基础上的"简单性原则"。这种原则认为,世界简单而有规律,一切都在因果关系之中并可以通过因果关系来把握;任何事物的运动都可用线性的、程式化的方法找到确定的解答,任何事物的发展都是可预测的,且这种可预测性是完全的和绝对的。总之,简单性原则试图通过寻求复杂世界中的确定性,以便更好地预测和控制事物的发展。

生成论思想主要建立在量子力学、复杂性科学、后现代主义思潮等基础之上。

"生成"是现代哲学的基本思维方式和基本精神。"如果说近代的科学世界观包藏的是'本质先定、一切既成'的本质主义思维,那么,现代生活世界观所蕴含的则是'一切将成'的生成性思维。"②

马克思主义实践观、柏格森"创造的进化论"、尼采的"强力意志"、怀特海的"过程原理"、杜威的"自然经验主义"等无不体现生成思想。马克思认为:"整个所谓世界历史不外是人通过人的劳动而诞生的过程,是自然界对人来说的生成过

---

① 苗雪红.预成论与生成论之争:历史溯源与教育启示[J].学前教育研究,2009(12):8—14.

② 李文阁.生成性思维:现代哲学的思维方式[J].中国社会科学,2000(6).

程。"①柏格森指出:"对有意识的存在者来说,存在就是变易;变易就是成熟;成熟就是无限的自我创造。"②尼采曾言:"世界存在着,它绝非生成之物,绝非消逝之物。或者毋宁说:它生成着,它消逝着,但它未尝开始生成,未尝停止消逝,——它在二者之中得以保持……它靠自己生存:它的粪便就是它的食物。"③

其实,生成论思想历史悠久,并非只是现代的产物。生成论是古人宇宙论的重要组成部分,它很早被用来解释宇宙及万事万物的来源。如《周易》《老子》等都把宇宙、宇宙中的一切事物看作一个不断变化、演化和自我生成的过程。《周易》中的"生生之谓易"、《老子》的"道生一,一生二,二生三,三生万物"正是中国古代哲学生成论思维的经典而生动的表述。在西方,古希腊早期的一些哲学家(伊奥尼亚派)将"生成"视为万物的形成机制。如阿那克西曼德就主张世界的本原没有任何规定性,万物都从"无定"中分化而来。

## 二、生成性思维的特征

与预成性思维相比,生成性思维的特征主要表现在以下几个方面。

---

① 马克思恩格斯全集:第 42 卷[M]. 北京:人民出版社,2006:131.
② [法]柏格森. 创造进化论[M]. 长沙:湖南人民出版社,1989:10.
③ 周国平. 尼采与形而上学[M]. 北京:新世界出版社,2008:233.

（一）注重关系

生成性思维认为,任何事物都不是孤立的,都存在于与其他事物的关系之中,离开了关系,事物就不复存在。存在即关系性存在。关系思维是与物质思维、实体思维相对的概念。

物质思维是以物质为中心,认为任何事物都是由基本的物质要素构成,认知事物的本质最重要的是把握事物的要素构成,而要素之间的关系则是次要的。实体思维认为"实体"具有先在性、本原性和独存性等特征。实体思维看待事物,更多的是从实体出发,注重实体本身,因此具有封闭性、孤立性和静止性。哲学思维中的"主客二分""一元决定论"正是"实体思维"的重要表现。

关系思维认为,物质是因为要素之间相互关系的产物。没有关系,就没有物质,关系决定了事物发展演化,物质之间关系是第一位的,物质本身则处于次要地位。关系思维要求把关系而不是实体作为主要研究对象,强调主客之间在关系中互动,认为任何事物都是变动的,都可以在关系中生成和发展的。因而这种思维方式反对自我中心、自我封闭、自我独断。

关系思维要求我们在认识和思考事物时跳出事物本身,超越已有边界,重视影响事物运动的更广阔背景;注重实体之间背后隐藏着的有机联系。比如,关系思维要求我们出台政策时防止"单兵独进""挂一漏万",尽可能打好"组合拳";关系思维还要求我们重视组织与组织之间关系背后的价值,这种价值有人称之为"关系资本"或者"社会资本",即通过营造各种合作和交互关系来获得有助于组织发展的资源和信息;关系思维要求我们在教师培养中不能只注重个体的培养,而忽视良好合作关系的营造。其实,在一定意义上可以说,"关系比事务更重要"①,变革的过程就是处理好一系列关系的过程。

当然,在具体认识和对待世界的过程中,物质思维、实体思维、关系思维都是不可或缺的。就如西医理论主要基于物质思维、实体思维,中医理论主要基于关系思维一样,只是侧重点不同,但都有存在意义。

（二）注重非线性

非线性是与线性相对的概念。线性思维是一种直线的、单向的、均匀的、不变的思维方式,强调事物的进展由初始条件来决定,有什么样的"因"就一定会有什么样的"果"。线性思维容易将复杂问题简单化,容易拿"过去"简单地推知"未来",用局部代替整体。在线性思维眼里,事物运动没有意外,没有创新,一切在预料和掌控之中。非线性思维是非直线、多向的、非均匀、多变的思维方式,是一种更加全面、更加灵活的思考问题的方式。非线性思维强调:既然事物之间相互影响,相互关联,那么事物的运动就充斥着不确定性,事物之间的关

---

①　［美］卡罗琳·J.斯奈德,等.生活在混沌边缘:引领学校步入全球化时代［M］.郑旭东,丁煜,李曙华,译.北京:教育科学出版社,2011:56.

系就具有非线性特征;而"非线性"又意味着变化,意味着创造和生成。

用不同的思维方式对待同一事物就会得出不同观点。例如,对待课堂教学,在线性思维视野下,课堂教学只是教学方案机械执行的过程,而在非线性思维视野下,课堂教学充满着不确定性,是师生共同创造和建构的过程。不过,重视非线性思维,并非完全否认事物之间线性关系的存在,而是说,线性关系只是存在于简单系统。事物之间的关系只有在一些特定和有限的境况下,才可以近似的视为"线性",也即可以把"线性"视为"非线性"的一些特例。

(三) 注重过程

在生成性思维视野下,"世界不是既成事物的集合体,而是过程的集合体"[①],是一股奔腾不息、绵延不绝的涌流。所以,生成性思维也是过程性思维。过程性思维强调,事物"是什么"和"如何是"相一致。要求我们对待事物时,要注重"如何是"的价值。比如,对于制定发展规划而言,如果仅仅当作制作一个文本、一个方案,这个文本、方案也可以跳出当事人而由别人代劳,那么就是一种结果性和实体性思维的表现。这样做难以发挥规划的过程价值。相反,如果把制定发展规划看作一个生成过程,强调制定规划是一个研究的过程、管理变革的过程和人的发展过程,那么,这时的规划价值就不只是

---

① 马克思恩格斯选集:第4卷[M].北京:人民出版社,1995:244.

生产一个静止的文本和方案。

(四) 注重创造

创造,在广义的语境下,并非人类所特有的功能,而是每个复杂系统固有的特征。整体之所以能大于各部分之和,是因为创造;系统在没有外界干扰的情况下,自身就能生存、繁衍并不断演化,是因为创造。复杂系统的"非线性""涌现"等现象无不因为创造而引发。而人之所以能创造是因为人本身是一个复杂的系统,是因为人脑各个神经相互作用而产生了"涌现"。

生成性思维认为,既然事物是关系性存在、过程性存在,那么事物之间必然存在相互作用,事物的运动必然存在无法完全预知、无法完全控制的变化,所以"没有已造成的事物,只有正在创造的事物。没有自我保持的状态,只有正在变化的状态"[①]。正是这些"无法预知""无法控制"为创造提供丰富的可能性和广阔的空间。因为生成不只是数量的变革、状态的变化,也是质的变化。生成性思维要求重视创造的存在,把握创造的机会,顺应创造的可能,从而不断创造出新的世界。

## 三、学校变革生成性的内涵

根据生成性思维的特征和学校教育实际,笔者认为,学校

---

① ［法］柏格森.形而上学导言[M].刘放桐,译.北京:商务印书馆,1963:29.

变革中的生成性主要具有以下几个特点。

(一) 学校变革的生成指向人的发展

学校的根本任务是育人,是促进人的成长,因此学校变革中的生成是追求教育学意义上的生成,是为人的生成创造条件,最终指向是人的生成,是人的生命成长。

这种生成是人的整体生成。生命是整体性存在,观照人的生命整体,促进人的整体性发展,是学校教育的重要任务和根本使命。党的教育方针提出的"全面发展"、新课改提出的"三维目标""核心素养"都指向人的整体生成。学校变革要致力于促进人的全面发展和整体生成。

这种生成是人的个性生成。"世界上没有两片相同的树叶",每个人都是一个复杂系统,都有自己的特点,人的生成是因人而异的生成。"生成性思维认为差异是实在的,无差别的同一不过是抽象,追求抽象的同一性,抹杀个性和差异,只能导向权威主义和等级秩序,最终消解创造,否定生成。"[①]学校变革中的生成要服务于学生的个性生成。

这种生成是生命潜能的开发。马斯洛认为,人是生成性存在,自我实现是个体潜能的充分发挥。学生是发展中的人,具有巨大的发展潜能。学校变革要把握一切教育机遇,充分打开人的成长可能性,并为学生今后的自主发展、可持续发

---

① 陶侃. 生成性:创新的现代哲学思维[J]. 绍兴文理学院学报(哲学社会科学),2003(04):1—4.

展,为学生的终身的"自我实现"奠定基础。

学校变革不仅是"为了生命的生成(人的发展)",学校变革也依赖于人的生成。"生成也依赖于生命的改变,包括对理想的深切信奉和对服务的激情,而不是让生命被地位和权力的追逐所驱使。"①换句话说,学校变革的生成依赖于学校管理者和全体师生的生命自觉,依赖于他们对学校发展的使命感和责任感。

(二)学校变革的生成是有根有向的生成

从时间上看,任何现实事态都不是孤立地存在于现在,而是存在于历时间的关系性结构中,是与过去、未来连续性的统一。变革既是对传统的变革,又会受到传统的制约,是非连续性和连续性的统一。学校变革应根植于学校传统,基于学校特点,学校变革的意图应得到学校利益相关者的认同,否则必将受到学校的抵制。"那些不让外界的力量将改革观念强加于自己的校长和教师,往往异乎寻常地善于摆脱或减少那些被认为是与学校现行的办学方式相矛盾的实践……其结果只能是表面上的改革,而无实质上的改变。"②

变革必须基于学校传统,学校变革不能"空穴来风",学校变革中的生成应该是有根的生成。正所谓"夫物芸芸,各复归

---

① 〔美〕卡罗琳·J.斯奈德,等.生活在混沌边缘:引领学校步入全球化时代[M].郑旭东,丁煜,李曙华,译.北京:教育科学出版社,2011:84.

② 〔美〕约翰·I.古德莱德.一个称作学校的地方[M].苏智欣,胡玲,陈建华,译.上海:华东师范大学出版社,2006:17.

其根"。学校变革的有根生成又决定着学校变革是个性化、多元化的,因为不同的学校有不同的历史传统。"任何一所学校都是具体的、独特的、不可替代的,它所具有的复杂性是其他学校的经验所不能完全说明的。"①这就是当下很多学校简单移植其他学校的变革方案而没有达到预期目的,甚至会走向失败的原因。既然学校变革的生成是有根的,学校在设计变革方案时必须回顾和总结学校历史,做好现状分析,并善于从学校发展的共同趋势与本校传统结合处寻找变革的生长点。

学校变革是有目的的变革。学校,作为以培养人为独特任务的组织系统,必然有自己的目标。一方面,学校变革作为主动、有计划的行为,有自己的显在目标;另一方面,"系统自己总是要拖到目的点或目的环上才罢休,这就是说自组织具有很强的指向优化的内生性。因此,无论在任何环境或条件下,它都能根据组织的目的点或目的环去调整自己的行为,使组织具有自我激励、自我发展的功能。"②也就是说,自组织系统拥有走向优化的内在目标。因此,在生成性视野下,学校变革是有向的,是非确定性和确定性的统一。当然,学校变革在朝着目标行进的同时,又不能拘泥于目标、禁锢于目标,必须对既定目标有建设性和创造性的超越。

---

① 余文森. 校本教学研究的实践形式[J]. 教育研究,2005(12):25—31.

② 赵学华. 试论中国学校发展的内生机制[J]. 北京社会科学,1997(04):106—112.

### （三）学校变革的生成是自然而成

混沌理论认为，自然演化是不断生成的内在力量。犹如农作物，不能拔苗助长，不能滥用激素一样，变革中的生成应该是自然而然的生成，所谓"自然的是不能控制的，能控制的不是自然的"①。当然，说变革应该自然生成，并非说学校变革不需要人的作为。韦恩·霍伊和塞西尔·米斯克尔指出，学校是一个受理性因素与自然因素制约的开放系统，这些因素随环境力量的变化而变化；忽视理性因素或自然因素都是短视的。② 学校变革是有目的的行为，不可能没有人的干预。这里的"自然而成"，是强调顺势而为，自然而为。

"自然的生成"指向教育的原型和本真，就如生物的遗传来自遗传信息一样。自然的生成才是健康的生成，充满活力的生成。虽然"自然生长过程是无规则的、随机的、非连续的、不稳定的与复杂的；然而，它也是稳定的、有结构的"③。

为促进学校变革的自然生成，教育行政部门和学校管理者应重视学校系统的自组织作用，为学校变革营造良好的环境，同时要积极推行权力下放，给学校赋权，给师生赋权。"如

---

① ［美］卡罗琳·J.斯奈德，等.生活在混沌边缘：引领学校步入全球化时代［M］.郑旭东，丁煜，李曙华，译.北京：教育科学出版社，2011：80.

② 李琛琛.当代西方学校组织变革模式的三大取向及趋势［J］.教学与管理，2017(03)：55—57.

③ ［美］卡罗琳·J.斯奈德，等.生活在混沌边缘：引领学校步入全球化时代［M］.郑旭东，丁煜，李曙华，译.北京：教育科学出版社，2011：83.

果权力问题得以解决并被改造成一种使能（enabling）的力量，那么学校和学区就有机会变成更具生机和活力的社会机构。"①

（四）学校变革中生成的力量主要来自内部，来自交互

"当内在动力在组织的情境中释放出来时，自然系统的生成现象便会充满新奇事物。"②学校变革离不开外部支持，离不开外部资金、资源和信息的输入，但外部力量不能代替学校发展，而且，外部力量与内部力量有机整合才能发挥作用，即"外因只有通过内因才能起作用"。学校变革的原动力来自内部，我们要相信学校的内部力量，相信学校自组织力量，就如相信种子的力量一样。学校的内部力量不仅取决于师生个体的主动性和创造性，更取决于学校中人与人、人与组织、组织与组织之间的交互。因为"强有力的相互联结与依赖是系统存在的根本"③。"一个组织的知识资产存在于其成员的相互模式之中"。④ 因为这种交互是信息的交互，是变革主体间的协同。

---

① ［美］卡罗琳·J.斯奈德，等.生活在混沌边缘：引领学校步入全球化时代［M］.郑旭东，丁煜，李曙华，译.北京：教育科学出版社，2011：110.
② ［美］卡罗琳·J.斯奈德，等.生活在混沌边缘：引领学校步入全球化时代［M］.郑旭东，丁煜，李曙华，译.北京：教育科学出版社，2011：76.
③ ［美］卡罗琳·J.斯奈德，等.生活在混沌边缘：引领学校步入全球化时代［M］.郑旭东，丁煜，李曙华，译.北京：教育科学出版社，2011：83.
④ ［加］迈克尔·富兰.变革的力量——深度变革［M］.中央教育科学研究所，加拿大多伦多国际学院，译.北京：教育科学出版社，2004：60.

　　"学校领导的作用就是建立专业化的学习共同体,利用并应对不断变化之条件,同时倾听来自内部的需求,并捕捉变革的内部动力和能量。"①为此,要积极进行组织变革,为师生参与变革创造机会和条件,让学校师生成为学校变革的铸造者和策划者;要积极建设具有强大内聚力的学校文化,充分发挥文化的导向与激励、约束与调适、凝聚与辐射功能。

# 第二节　学校变革中控制性的表现及其原因

　　当今,人们很多管理思想和理论仍然植根于牛顿的机械定律。牛顿认为宇宙就像一部大的机器,是按照机械原理进行运转的,是可测量的、可描述的,其运行规律完全是确定的。在这一经典力学的影响下,人们以为事物的进程是确定的,可预测的,具有单纯的因果关系。如果用这种思维看待学校,学校就被当作一部机器,就被看作是一个简单的系统,人们就会认为学校的发展以及学生的成长是完全可控的,是预成的。受这种控制思维影响,学校教育常常呈现出以下几个特点。

## 一、效率化与工具化

　　机械思维的一个重要特点是效率优先。受此影响,学校

---

　　①　[美]卡罗琳·J. 斯奈德,等. 生活在混沌边缘:引领学校步入全球化时代[M]. 郑旭东,丁煜,李曙华,译. 北京:教育科学出版社,2011:102.

教育非常注重投入和产出比。这里的投入,无疑是时间和经费的投入,而"产出"容易以可量化和可视化的考试成绩、升学率、各种评比表彰来衡量。由此,在教育行为上容易导致机械灌输,容易过于重视可测量的知识教学,而忽视人的素养提升和全面发展,教育中的人也因此被工具化。在此过程中,"即使是课堂也成了效率控制的中心,通过学生的测验、过程记录、教师评估等对效率进行控制"[①]。

此外,在效率取向下,人们容易把经济价值置于教育价值之上,以至于过于强调教育的外在价值,强调教育对经济和社会发展的贡献,把教育视为经济和社会发展的工具而忽视教育的内在价值和本体价值。当前,学校教育常常被当作发展房地产、当作招商引资的重要手段,这就是例证。

## 二、简单化与标准化

在机械思维视野下,教育就像一部由若干零部件组成的、按照预先设定流程运作的机器,教育由此被简单化。由此,对待教育中出现的问题,人们常常采用点状思维、线性思维进行简单归因。举例来说,如果学生成绩不够理想,持这种思维就会认为一定是教师的问题,至于学生的家庭、学生个人的努力、课程设置、学习环境和氛围等问题则很难被考虑在内;而

---

① [美]卡罗琳·J.斯奈德,等.生活在混沌边缘:引领学校步入全球化时代[M].郑旭东,丁煜,李曙华,译.北京:教育科学出版社,2011:43.

教师的问题，一定是教师教学的问题，教师教学的问题一定是教师个体的问题，教师个体的问题一定是教师能力的问题，至于教师管理、教师之间合作、教师敬业精神等问题则未必会引起重视。

对效率的追求和对教育简单化理解，必然导致教育的标准化。在标准化诉求下，学校教育就如工厂，教育过程如同机器生产，儿童就如一个自动化的流水线生产出来的标准件。于是，面对同样的年级就会实施统一的作息时间、统一的课程内容、统一的教育方法、统一的评价标准和评价方式。标准化有助于统一管理，有助于对学生成绩进行控制，但忽略了学生的个性需求和学生之间的个性差异，忽略了社会对多样化人才的需求。

标准化往往伴随着精细化。如有的学校要求教师教案必须手写，教案从教学目标到教学反思等环节都必须按照规定的格式写。规定过多、过细，虽然有助于工作落实，便于管理与考核，但容易把教师培养成不会主动创造，只会执行命令的机器。其实，什么是好教案？不同的学科，同一学科不同的内容、不同的课型乃至不同的教师，都应该各有其特点，好的教案不应该是我们规定出来的，而是教师在积极创造过程中生成出来的。

## 三、制度化与程序化

机械思维是一种控制思维，这一思维用在管理上，必然注

重制度的作用,通过制度表达管理者的价值诉求,规范和约束
管理对象的行为。学校是组织化存在,任何组织都有与其相
应的制度;但是学校组织的运行和发展又不能过于依赖制度。
当下,学校变革越来越重视制度建设,有的学校把制度的多少
当作学校管理是否完善和健全的重要依据。此时,制度不再
是学校管理的工具,而是成为学校管理改革的目标。制度有
助于规范行为,形成秩序,但"制度也存在着原生性缺陷,如制
度对人行为的同一化裁剪,虽会增加社会治理的确定性,但也
会抹杀现实的多样性"①。

　　学校制度控制性还表现在程序化和技术化。制度规定若
干程序,未经过若干程序,即便达到某种标准也得不到制度的
认可。比如,一名教师要想成为名师或者获得提拔,必须进入
制度制定方预设的培养轨道。他必须经过若干培养程序,完
成规定学习任务,才有可能成为名师或干部,并享受相应经
济、政治权利和待遇。否则,即便你付出很大努力,即便你确
实很优秀,也很难获得制度的认可,更谈不上获得相应的权利
和待遇。这种"控制性"的培养模式不仅造成所培养的人才缺
乏个性,而且会使得一些真正优秀的人才难以脱颖而出。

　　制度容易遵循技术理性。如在学校变革的决策过程中,
一般专家才具有发言权,而具体的当事人——普通教师和学

---

① 　向玉琼.从制度主义转向行动主义的社会治理——读张康之教授
《公共行政的行动主义》[J].北京行政学院学报,2015(05):58—68.

生很少有权参与。问题还在于,在制度的作用下,专家很大程度上被符号化,即专家必须通过制度"委任",一个普通个体,即便再有才能,在群众中再有影响,如果没有得到制度的认可,没有贴有制度所给予的"标签",就不会享有专家的权利。也就是说,专家常常是"委任的"而不是现场"确证的";而决策现场常常是"委任的"专家才有话语权。

## 四、原子化与封闭化

机械思维是一种割裂和封闭思维,这种思维运用于社会,容易产生原子化观点,即认为社会最基本的单元不是社群而是个体。这种观点用在教育上,则表现为:"教室被看作个体的学生和一个教师组成的集体,而不是一个更自然的社会系统;学生单独学习,并分别地被测验;教师孤军奋战,独立工作(不是协同工作);同一地区内的校长和教育局局长各谋其政,自行其是。"[①]

也就是说,原子化思维十分重视个体作用。这种思维在实践中又容易导致精英主义。学校与教育管理部门通常会认为教师个体强,学校整体教学水平、教学质量就一定高,于是,热衷于提升教师个体素质,热衷于打造精英人才。与此同时,各种"英才工程""帽子工程"满天飞。

---

① [美]卡罗琳·J.斯奈德,等.生活在混沌边缘:引领学校步入全球化时代[M].郑旭东,丁煜,李曙华,译.北京:教育科学出版社,2011:37.

其实,从系统的观点看,最好的零件未必能组成最好的系统。这就是日本松下公司提出"70分人才"观的原因。据说,松下公司十分重视人才,但他们尽可选用可以打70分的中等偏上的人才而不用顶尖人才。他们认为,"70分的人才"一般较少有骄气,对于福利待遇容易满足,而且乐于团结合作,富有敬业精神,如果使用得当,这些人照样能成为很有创造力的群体。而顶尖人才往往自我感觉良好,计较福利待遇,难以与人沟通与合作。松下公司的人才观启示我们,教师发展,不仅要重视个体培养,更要重视团队建设。

原子化思维过于重视个体的作用,也容易导致学校人与人之间、组织与组织之间相互孤立,彼此封闭,不利于组织形成良好的合作文化,不利于团队建设。现实中,有的学校(这里主要指窗口学校)尽管教师个体教学能力很强,学生生源也是一流,但始终很难有与其办学条件相应的发展成就,其重要原因往往是教师之间各自为政,很难形成强大合力。

## 第三节  从控制走向生成:学校变革模式的转变

在分析学校变革生成性特点和学校变革中控制性的原因后,本节主要讨论如何将变革从控制走向生成。变革如何从控制走向生成? 这是一个宏大课题,也是本书讨论的总课题。可以说,前面几章讨论的主题或直接或间接涉及学校变革的生成性。

生成是生命的生成,要实现人的生成、生命的生成就必须坚持以人为本。学校变革的生成力量主要来自内部,学校变革的生成离不开学校主动发展。学校变革的生成离不开开放,离不开学校组织内部各要素之间及学校与外部组织之间的相互作用,其中协同是生成的重要动力。学校变革的生成又是整体意义上的生成。生命有机体的整体不是机械论、构成论意义上的整体而是生成意义上的整体。"生命系统整体有着自组织性和突现性两大基本特征,它们是自己创造自己的,不像机器系统自己不生长、不变化。"①

鉴于前面几章内容都与学校变革的生成有关,本节内容可以看作在前两节基础上,对前几章内容进行简要梳理和概括。结合前面几章的讨论,笔者认为,学校变革要从控制走向生成,应重点做好以下几个转变。

## 一、变革理论:从简单转向复杂

"当改革的表面特征在改革流行过程中像食谱一样一一被实施,而没有重视改革的深层原理,改革经常是失败的。"②变革的实践需要变革的理论指导。有什么样的理论指导,就有什么样的实践。学校变革生成的实现要以相应的理论为指导。前文指出,如果把学校当作机器,遵循简单性原则,学校

---

① 金吾伦.从系统整体论到生成整体论[N].科学时报,2006 - 11 - 30(B03).

② 王加强.学校变革的生态分析[D].华东师范大学,2008.

组织就会呈现出工具化、标准化、程序化、封闭化等特征,学校的发展总体上处于被控制状态;如果把学校当作生命有机体,学校组织就会凸显生命性、主动性、协同性、整体性、创造性等特点,学校发展总体上则会呈现出生成性。把学校当作生命有机体,在很大程度上遵循的是一种复杂性理论。

随着复杂性科学的兴起,人们逐步改变了对世界的简单性观念,形成了以非线性思维、整体思维、关系思维、过程思维为其主要特征的考察事物运动变化的方式,可称之为复杂系统探究方式或者说复杂性思维。① 教育是以人培养人的社会活动,而人是世界上最复杂的存在,"复杂性"应该是教育的真实现状和原本样态。既然教育是复杂的,"复杂性"应成为理解和实施学校变革的重要思维方法和理论范式。

现实中,在简单化思维和理论的统摄下,"原本复杂的教育被划归为一种简单的程式化操作,即教育目的事先被预设,教育过程中各种可能性为一种规律式的运作模式所替代,教育行为被严格控制,教育结果相应地成为教育计划的附属品,教育主体的能动性和选择权被无情扼杀"②。

如何以复杂性思维观照学校变革?卡罗琳·J. 斯奈德等人所著的《生活在混沌边缘:引领学校步入全球化时代》一书

---

① 彭新武. 复杂性科学:一场思维方式的变革[J]. 河北学刊,2003(3):39.

② 唐海德,李枭鹰. 复杂性视域中的教育选择[J]. 高等教育研究,2006(10):9.

给了我们一个很好的启示。

在卡罗琳·J.斯奈德等人看来,要理解学校变革的生成性,有必要借助于混沌与复杂性理论。

混沌现象是复杂性科学研究的重要对象,混沌理论也是复杂性理论的重要来源,在一定意义上,"混沌理论属于复杂性科学研究领域"①。"建基于量子论之上的混沌理论,为思考各种组织机构中的变化过程提供了一些大胆的新方法,并有助于理解自然演化是一股不断生成的力量。"②混沌理论最早产生于物理学与数学,它与量子力学、相对论一起被誉为20世纪三大科学革命。卡罗琳·J.斯奈德等人将混沌理论的一些基本主张概括为以下几个方面:③

(1)自然关系不符合线性模式。

(2)混沌蕴含着随机,也蕴含着有序和结构。

(3)系统中的自然的原动力引发生长而不是稳定性。

(4)自然系统的生长实质上不可预测。

(5)动态复杂系统中存在着自我更新与自组织。

(6)系统中的变革可能是迅速的、根本的、自生的。

---

①　[美]米歇尔·沃尔德罗普.复杂:诞生于秩序与混沌边缘的科学[M].陈玲,译.北京:三联书店,1997.

②　[美]卡罗琳·J.斯奈德,等.生活在混沌边缘:引领学校步入全球化时代[M].郑旭东,丁煜,李曙华,译.北京:教育科学出版社,2011:66.

③　[美]卡罗琳·J.斯奈德,等.生活在混沌边缘:引领学校步入全球化时代[M].郑旭东,丁煜,李曙华,译.北京:教育科学出版社,2011:70—71.

（7）混沌状态为自然系统提供了机遇。

上述观点，似乎可以这样概括：混沌系统是一种非线性系统，非线性系统具有随机性，随机造成无序；但我们又不必惧怕无序，因为由随机和无序引起的混沌又蕴含着有序；因为局部无序在一定的域限下还能促进整体的稳定和生长。无序和不稳定又是生长的原动力，且为生长提供了机遇。虽然这种生长不是完全可测，而正是这种不完全可测的生长才是自生的、自然的，是充满力量的。

混沌理论给我们最大的启示是，学校应生活在混沌的边缘。"混沌边缘"是复杂性研究的一个常用概念，是指有序与无序，平衡与非平衡两个极端点之间的一种状态。对于一个复杂系统来说，完全有序则趋于僵化，失去生机和活力，其结果会死亡；但若完全无序，完全处于混沌状态，则同样会趋于灭亡。混沌边缘既没有混乱到解体的地步，又有着秩序的制约，是一个系统生存和演化的关键。正如汉迪（Handy）指出："混沌边缘存在于稳定与混乱之间，这是复杂系统最具自发性、适应性且最具活力的地方。"①所以，对学校变革来说，"美好的生活是生活在混沌边缘"②。学校如果完全生活在有序和平衡态，则会失去变革和发展的活力；而若完全或长时间处

①　［美］卡罗琳·J.斯奈德，等.生活在混沌边缘：引领学校步入全球化时代［M］.郑旭东，丁煜，李曙华，译. 北京：教育科学出版社,2011:79.

②　［美］卡罗琳·J.斯奈德，等.生活在混沌边缘：引领学校步入全球化时代［M］.郑旭东，丁煜，李曙华，译. 北京：教育科学出版社,2011:78.

于无序和非平衡态则难以有效发挥教育功能。

　　有鉴于此，教育管理部门的职责不是自己直接投身于学校变革，而是营造一种非平衡态，为学校变革创造各种条件，促进学校变革的自然生成。如建立激励学校变革的有关政策，为学校提供各种信息，用政策信息制造"非平衡状态"；搭建学校之间、学校与社会之间各种交流平台，协助学校与外部建立各种链接关系，促进学校系统从封闭走向开放，以集聚更多的信息和能量；为学校变革提供各种物质资源和经费保障以及其他支持与服务。学校自身要把不平衡作为变革的支点，克服保守思想，建立开放系统，时刻倾听和回应系统内部和外部的变化，通过开放，通过物质、能量和信息的交互，克服"熵增"，避免退化并保持生长。

　　复杂性理论是伴随着系统科学的发展而诞生的，它的诞生不仅引发了自然科学界的革命，而且已渗透到哲学、社会科学等诸多领域。复杂性理论为我们认识和研究复杂性问题提供了全新的视角、全新的研究范式和思维方法。科学哲学家加斯东·巴什拉曾说过："复杂性是一个基本问题，因为自然界没有简单的事物，只有被简化的事物。"[①]复杂性思维是对简单性思维的否定，它反对用机械、静止、线性的观念看世界，而主张用生成性思维来认识事物。

---

　　① ［法］埃德加·莫兰.复杂思想：自觉的乡学[M].陈一壮，译.北京：北京大学出版社，2001：137.

关于复杂性理论,卡罗琳·J.斯奈德等人提出了这样一些基本主张:①

(1) 复杂系统不能被控制,但它们能适应外部环境。

(2) 生命系统永不处于平衡,它们是天然不稳定。

(3) 生成的创造原理是复杂动态系统最深的奥秘与特性。

(4) 原动力源于系统内部,而不是外部。

(5) 日渐增长的复杂性是复杂动态系统最基本的特征。

(6) 系统的生存与其所收集的关于环境的信息及其响应密切相关。

(7) 内部生成的概念是理解复杂自然系统整体的核心。

上述主张告诉我们:对复杂性要持敬畏的态度,因为复杂系统不能被外力轻易控制,但它在与外部环境相互作用下,能自发从无序走向有序。复杂系统虽然不能轻易控制,但影响复杂系统可以从影响环境着手。生命系统是复杂系统,是由若干要素有机组成的动态的、开放的、非平衡系统,是无序性和有序性的对立统一。而正是"不平衡""不稳定",正是各要素之间的相互作用使系统不断有新特性涌现与生成,产生了创造。而生成与创造形成系统演化的强大动力,导致系统进一步演化,更趋于复杂。可以说,"复杂"与"生成"相互依存,

---

① [美]卡罗琳·J.斯奈德,等.生活在混沌边缘:引领学校步入全球化时代[M].郑旭东,丁煜,李曙华,译.北京:教育科学出版社,2011:73.

相互作用,事物的运动因为复杂而生成,因为生成而复杂。

"复杂性既是一种祸害,也是一种福音。"①说它是一种祸害,因为面对复杂的系统,很难用简单性原理来理解和把握。说它是福音,因为复杂性理论和方法"将为人类的发展提供一种新思路、新方法和新途径,具有很好的应用前景"②。无疑,复杂性理论也是认识和理解学校变革的一把新钥匙。

## 二、变革取向:从工具转向人本

"价值取向是一种行为取向,是人们在选择和决策时,根据自身的利益需求,按照一定的价值标准进行实践活动所表现出的价值倾向和行为取向。"③学校变革的价值取向决定着学校变革的性质和方向。用生命有机体理念观照学校变革,学校变革应该是生成性的变革,而这种生成指向的是人的生成、教育的生成。因此,学校变革必须以人为本,必须坚持教育本真。

什么是以人为本? 学校如何以人为本? 本书在第二章已进行专门讨论。本书第二章指出,以人为本包括以学生为本、以教师为本和以教育为本。此处,仅就如何以学生为本作进

---

①　魏宏森.复杂性研究与系统思维方式[J].系统辩证学学报,2001(01):7—12.

②　向成军.浅论复杂性与思维方式革命[J].中国校外教育,2019(09):64—65.

③　陈丽.学校改进的特征与价值取向分析[J].教育科学研究,2010(11).

一步讨论。笔者认为,要落实以学生为本,学校变革应确立学生立场;而要确立学生立场就必须心系学生,读懂学生,尊重学生参与变革的权利。

（一）心系学生

心系学生,简单地说就是站在学生立场想问题,做事情,就是想学生之所想,急学生之所急。学校管理者和教师对待学生要有列维纳斯所言的"他者"意识,把学生当作"异质性他者"。列维纳斯认为:"人类生存的一个基本事实是与他人相遇,这种相遇具有伦理性。"①只有把学生当作"异质性他者",并建立一种"为学生负责"的伦理关系才能避免以"自我同一性"的态度看待学生,避免把自己的立场投射到学生身上,从而代替学生做选择,做决定。只有这样,学校才有可能从学生的立场出发来确立变革目标、变革任务、变革内容和变革方式;才有可能为学生创造各种参与变革的机会,让学生真正成为学校变革的主体。

（二）读懂学生

心系学生并不等于了解学生、读懂学生。而只有了解和读懂学生才有可能发现学生的真正需求和个性特点,才有可能真正为学生着想,才不会越俎代庖。然而要了解和读懂儿童,绝非易事。因为儿童就是一本书,每个儿童又是一本独特

---

① 郑富兴.列维纳斯的他者伦理学与现代学校道德教育[J].外国教育研究,2010(3).

的书,这是每个教育者读不完而又不得不读的书。它要求我们除了要具有大量的心理学、教育学知识外,还要求通过观察、倾听、谈话、问卷调查等多种方式了解学生的学习、生活和发展需求,了解学生兴趣爱好、知识结构、成长经历等各方面情况,并据此确立变革的起点。

(三) 尊重学生参与变革的权利

参与权是学生的一项基本权利,《中华人民共和国未成年人保护法》第三条明文规定:国家保障未成年人的生存权、发展权、受保护权、参与权等权利。尊重学生的参与权,不仅是法律要求,同时也是学校变革的内在要求。"学生参与学校变革有利于实现学校变革方案的科学性和民主性,有利于化解学校变革的阻力,有利于培养学生的民主素养。"[①]此外,学生参与变革,有助于培养学生的策划能力、交往能力和责任意识。可以说,让学生在参与学校变革活动中发展,是促进学生发展的一种很好的策略。学校应建立学生参与的变革制度,搭建各种参与的舞台,如成立学生自治组织,学校各种活动应尽可能让学生自主策划、自主管理。

### 三、变革机制:从外控转向内生

现如今,学校变革主要由自上而下的外力来驱动,而"有

---

① 李宝庆.学生参与学校变革再探[J].现代教育管理,2010(02):33—36.

持久能量的动力恰恰是从自组织内部产生的。"①把学校当作生命有机体,就应该发挥学校自组织的内生长力,构建学校变革的内生长机制。为此,学校管理应实现以下几个转变。

(一) 政府职能:从管理走向服务

政府管理部门应该把学校当作具有复杂性和自组织机能的生命有机体,充分尊重学校、信任学校,减少对学校干预,变直接管理为间接管理。应致力于做好宏观政策引导,提供师资、经费等条件保障,营造公平良好的发展环境;致力于"建设依法办学、自主管理、民主监督、社会参与的现代学校制度,构建政府、学校、社会之间的新型关系"。"树立服务意识,改进管理方式,完善监管机制,减少和规范对学校的行政审批事项,依法保障学校充分行使办学自主权和承担相应责任。"②政府应尽可能把事权、人权、财权和课程教学权下放给学校,减少对学校的控制,增强学校自我管理的权限和能力。

(二) 组织结构:从垂直走向扁平

结构与功能具有统一性,减少管理的控制功能就应该设法变革学校组织结构。一方面,减少管理层级,缩短管理半径,以增强信息纵向沟通;另一方面,推行民主管理,淡化行政权力。如成立各种非行政性组织,通过行政赋权和专业赋权,

---

① [美]卡罗琳·J.斯奈德,等.生活在混沌边缘:引领学校步入全球化时代[M].郑旭东,丁煜,李曙华,译.北京:教育科学出版社,2011:70.

② 《国家中长期教育改革与发展规划纲要(2010—2020 年)》。

由项目组代替行政组织承担和行驶某些职能。比如,常州市第二实验小学根据工作需要,先后成立了环境建设组、校刊创编组、展板策划组、校庆活动筹备组等非行政组织。这些组织因需而设,任务完成后即解散。类似非行政性组织建设,既减少了行政事务,又让教师在亲身参与治理中发挥其特长,调动其积极性。

（三）学校制度:从控制走向解放

在制度功能上,减少对人的约束和惩戒,突出激励和引导。如某校长刚调到一所新学校时,发现这里有的教师十年没有带过毕业班的课。原因是这些教师之前所教的学生考试成绩不佳,按照原有的制度,他们就不能教毕业班。这种制度用静态的眼光看待教师的成长,并表现出对人的极大不信任。新校长到任后提出"不让一个教师掉队",并建立了团队捆绑式评价制度,发挥团队协作和相互帮扶的作用,结果大大促进了一些教师的成长,学校也因此形成了良好的合作文化。

在制度形成过程中应突出参与性,让管理对象参与制度的制定和修订。这样做有助于提高制度的针对性和实用性;有助于增强全体师生对制度的认同度;有助于培养师生决策和领导能力,发挥制度和管理的育人价值。

在制度和标准的制定和执行上,应减少刚性,增强可选择性。如上文提到的对教案的规定,其标准就不能过多、过细,部分标准应允许教师自主确定,这样方可为教师能动性和创造性的发挥留有空间,教师写出来的教案才会具有多样化和个性化。又如,一位数学教师非常热爱和擅长科技教育,并在教学中取得突出成绩,但由于其学历和教师资格证书是数学学科,按现有规定就不能参加科学教师职称评定。因此,制度应该具有弹性,避免一刀切,为特殊对象、特殊个例留有余地,这样才有可能实现"人尽其才"。

### 四、变革规划:从静态转向动态

时下,很多学校都把制定和实施发展规划当作学校变革和发展的重要抓手。制定学校发展规划,对促进校长和教师成长,促进学校系统整体变革和内涵发展具有重要作用;但其作用的大小还取决于我们如何对待规划。从规划制定和实施的过程来看,学校发展规划呈现两种状态,即静态化和动态化。

学校发展规划的静态化,是指忽视规划的过程性和动态性。其主要表现是:把规划的制定看作撰写静态文本的过程,以结果思维对待规划的制定,忽视规划研制的过程价值;把规划的实施当作按图施工、机械执行的过程,以静止不变的思维对待复杂而不断变化的实践。与此同时,在规划的内容上过于刚性,缺乏弹性,以简单化和工程思维对待规划内容的设计。

学校规划的动态化,是指以生成性思维对待学校规划,注重规划的过程价值和动态生成价值。发展规划从静态走向动态,必须处理好以下几对关系。

（一）结果与过程的关系

这对关系主要是针对规划制定过程而言的。现实中,学校在研制规划时,往往会简单化操作,只把它看作一个制作文本的过程,而忽视研制过程对人的成长,对学校历史的回溯与总结、现状的分析与诊断,对凝聚人心、集聚智慧等多方面价值。有的学校在制定规划时,甚至会请别人代劳。用这种方式形成的规划不仅会脱离实际,也很难得到教师的认同,往往被束之高阁。

（二）变革与传承的关系

前文提到,学校变革是连续性与非连续性统一,学校变革中的生成是有根的生成。要使变革有"根",就要处理好变革与传承的关系。既要依据当今学生成长和社会发展对教育的要求,依据学校高质量发展目标作为参照,依据教育规律,寻找学校存在的问题,并针对问题革故鼎新,寻找破解对策;又要有意识地发现学校传统中优良"基因",并在传承中弘扬,使之成为学校发展的新引擎。

（三）部分与整体的关系

部分与整体相互联系,又相互区别;相互依赖,又相互制约。没有整体,部分难以发挥作用;没有部分的支撑,整体就不复存在。学校变革规划要以整体为统领,体现整体建构。一方面,在规划内容上要重视各种要素的相互作用,避免单打独斗,体现变革的综合性;另一方面,在办学理念、发展愿景、发展目标、发展任务和发展途径等方面要相互衔接,具有内在一致性;再者,要在整体的构架下,从关系思维和结构思维着手选择和确立好发展重点和发展项目,使整体和部分功能都得到最大限度发挥。

（四）确定性与不确定性的关系

制定发展规划是有目的的设计行为,试图通过理念的引领、目标的确立,任务和项目的厘定,通过资源要素的优化配置,推动学校从"现在"走向更加合乎人的发展和社会发展需求的"未来"。无疑,这是一种对确定性的寻求。但学校变革又是一个充满复杂性的过程,是确定性与不确定性的统一。面对不确定性,我们要借助现有技术手段增强预判能力,同时要增强规划的目标、任务和内容的开放性,减少规划的刚性。我们不能把学校发展规划等同于建筑工程规划,过于拘泥于细节;也不能把规划等同于一般工作安排而缺少真正意义上的变革举措。

针对学校发展的不确定性,应该缩短规划的年限。当前,为了与政府的"五年规划"衔接,有的学校发展规划年限为五年。五年期间,学校会面临很多人和事的变动,存在较多的不确定性。"有计划的变革是渐进的、普通的,并只限于短期。"①考虑到校长任期一般为三年等因素,笔者认为,将学校

---

① ［美］卡罗琳·J.斯奈德,等.生活在混沌边缘:引领学校步入全球化时代[M].郑旭东,丁煜,李曙华,译.北京:教育科学出版社,2011:274.

发展规划期限定为三年比较合适。还有的地区规定,学校在规划中必须列出具体的实施步骤,甚至要填写具体推进的时间表,并依据时间表督促学校按表实施。这种规定强调了规划的有序性和可控性,却容易错失应对偶发事件和把握突发机遇的机会,使得学校发展丧失应有的生成性。

(五) 文本与实践的关系

此处,"文本"是指发展规划文本;"实践"是指规划的实施。本书第三章提到:"规划只是行动的一个引领,不是行动的施工图纸,学校发展规划不同于建筑工程规划,学校变革不能机械地'按图施工'。与此相应,规划不是一经形成就不能修改,规划应该在与行动互动中不断调整和完善。"这说明,"规划本文"对于"规划实施"来说,不是一成不变地"照着做",而是"想着做""创造性地做"。规划在实施过程中要随时应对不断变化的新情况(如上级行政部门下达了新的变革指令和任务等),实时调整目标、内容和项目,以便及时解决新问题,抓住学校发展的新机遇和新资源。学校尤其要抓住一些重要时间节点来评估和调整发展规划。这些节点包括学期、学年工作计划的制定和发展规划的中期、总结性评估等。

"生成"是"现代哲学的最强音"[①]。"生成"也是学校变革

---

① 李文阁.生成性思维:现代哲学的思维方式[J].中国社会科学,2000(6).

应该秉持的基本思维方式。"我们处于一个重大转折点,必须重新认识学校及其他机构,重新认识它们的演变。如果我们要变革教育系统,使之适应全球化时代,而不是工业化时代,那么就必须改变自己的思维模式。"①我们只有确立生成的思维方式,实现从控制到生成的转变,才有可能摆脱工具性、技术化、功利化等困境,才有可能从根本上激活和释放人的力量和组织的内在力量。

最后,我还想引用卡罗琳·J.斯奈德等人的话作为本章的结尾:"未来教育的朴素岁月……将一去不复返了。学校教育的未来很可能比现在远为复杂。我们必须设法以更自然的方法发展人类能力,并沿着将提高(而不是控制)人类状况的方向理解与推动学校教育的成长。"②

---

① [美]卡罗琳·J.斯奈德,等.生活在混沌边缘:引领学校步入全球化时代[M].郑旭东,丁煜,李曙华,译.北京:教育科学出版社,2011:255.
② [美]卡罗琳·J.斯奈德,等.生活在混沌边缘:引领学校步入全球化时代[M].郑旭东,丁煜,李曙华,译.北京:教育科学出版社,2011:74.

# 第七章 结语：
## 发挥学校变革的"有机"力量

本书最初题目是"把学校当作生命有机体",后觉得这种表述虽然带有一种感性的诉求,但不够学术化,遂改为"有机体意蕴下的学校变革"。而临近完稿时,觉得对"有机体意蕴"的思考并不充分,表达并不到位,存在简单地以"特征"代替"意蕴"的问题。为此时感不安。今借写结语之机,结合书中内容框架对此再稍作探讨,权当一种"补课",尽管这种补课是"杯水车薪"。

"有机"是由"有机体"延伸而来,是指有机体的性质。"有机体意蕴"就是"有机"的意蕴。据此,"有机体意蕴的变革"可简化为"有机的变革"。

"有机"拥有物化分析难以理解的特点,其含义极其丰盈。如"有机"经常与"联系"搭配,表示内在秩序和意义关联;"有机"蕴含着复杂,再先进、再智能的机器都不如有机体那样复杂而又精巧;"有机"常作"食品"之定语,有健康、生态、安全、绿色之意。因为"有机"意味着关系、复杂、精巧、绿色和未来,怀特海甚至提出"科学发展进入了一个有机时代"。学校教育是复杂的存在,学校变革应追求"有机"的变革,应借助和发挥"有机"的力量。

## 一、"有机"蕴含道德的力量

有机的变革是道德的变革。"有机"强调关联,强调整体,内含对个体主义的排斥,内含对共同协作的青睐;内含对局部与整体利益的兼顾。"有机"强调"持续",要求人们不仅关注现在,更要关注未来。总之,"有机"具有协调与和谐之意,涉及生态公平,蕴含生态道德。这种道德又蕴藏智慧,所谓"大德即大智"。用德国诗人朋霍费尔的话说:"愚蠢是一种道德上的缺陷,而不是一种理智上的缺陷。""有机"不仅是道德的,也是智慧的。

"教育是一项道德事业",学校变革必须坚守道德目标,否则就会迷失航向,甚至会背道而驰。这种道德目标,简而言之,就是以人为本,致力于人的全面、个性和可持续发展;致力于促进社会公平与正义。其实,道德目标不仅具有导向功能,也内蕴变革动力。人是追求意义的存在,而道德目标赋予变革以意义感和责任感。这种意义感能激发人的内在力量,正如迈克尔·富兰所言:"任何革新都不可能被全部接受,除非其意义得到共享。"①学校变革应该善于从"有机"中汲取道德力量和智慧力量,以此为人的发展、为社会的文明和进化,为教育高质量发展保驾护航。

## 二、"有机"蕴含内在的力量

有机的变革是一种内在的变革。生命之所以能自我复制、自我调节、自主生长,生命的各种机能之所以能保持高度有序,是因为其具有自组织力量。这种力量十分精妙。比如,

---

① [加]迈克尔·富兰. 教育变革新意义[M]. 赵中建,等,译. 北京:教育科学出版社,2005:35.

植物能够把水分恰到好处地输送给身体各个器官、各个部分,如果人工的话,即便运用最科学的技术也难以做到。这种力量十分巨大,因为它是内在的力量、天然的力量,是一粒种子长成参天大树的力量。

学校办学离不开外部支持,离不开政府管理,离不开他组织力量的介入。但学校又是由人组成的复杂巨系统,具有强大的自组织力量。而且,系统外部的力量往往需要通过自组织机制才能发挥作用。当今,面对科技迅猛发展,面对全球化、信息化挑战,学校变革的任务越来越艰巨,学校越来越需要培育和开发学校自组织力量,越来越需要通过自我内系统力量的释放来赢得更好、更大的社会生存空间。

## 三、"有机"蕴含开放的力量

有机的变革是开放的变革。开放是生命系统最重要的特征。贝塔朗菲用"开放系统"来描述和定义生命体。在他看来,生命系统的其他特征,诸如代谢、生长、发育、繁殖、自主性活动等,都以开放为基础。没有开放就没有生命的一切。

生命系统经过约 35 亿年的进化形成了极其精巧、有助于开放的结构。例如,人的肺泡完全展开后约有 100 平方米,人的小肠内壁充分展开后,其面积达 200 平方米,这些器官通过特殊结构在有限的空间最大化地扩大面积,大大提高了空气交换和营养吸收的效率。

面对瞬息万变的复杂环境,学校更要开放。通过开放触摸变化,迎接挑战,拥抱机遇;通过开放汇聚众智,促进共生,凝聚能量;通过开放,充分打开学校发展的可能世界,充分拓展每一位学生的发展空间。为此,学校要致力于建设灵活、高效的开放结构,构建开放、包容的现代学校制度。

## 四、"有机"蕴含整体的力量

有机的变革是整体的变革。孔德曾经指出:"生物科学按其性质基本上是整体论的科学,它不像化学和物理学那样从孤立的元素开始,而是从有机整体开始。"①整体是生命有机体的最重要特性,正因为如此,"整体"常常是"有机整体"的简称。

整体不仅具有道德意义,整体还具有丰富的哲学意义。整体之所以大于部分之和,在于整体是关系意义上的整体,是关系的力量把整体的各部分、各要素组织在一起,并赋予新的力量。所以,整体是一种"互在"。

整体不仅是静态的,也是动态的。我国哲学家金吾伦提出要建立生成整体论。整体更多的不是共时性的构成性的整体,而是在系统演化机制作用下,随着时间而变化的过程整体。因此,整体也是一种"动在"。

有机视野下的整体不仅注重克服部分与部分、部分与整

---

① [英]艾伦·斯温杰伍德. 社会学思想简史[M]. 陈玮,冯克利,译. 北京:社会科学文献出版社,1988:41.

体的分离,还注重消解主体与客体,本质与现象的二元对立,因此,整体也是一种"融在"。

整体蕴含着关系思维、过程思维,蕴含着方法论、价值论,学校变革应注重从有机整体中吸取思想和智慧的滋养,只有这样才能应对复杂性挑战,才能提高变革的品质。

## 五、"有机"蕴含过程的力量

有机的变革是"过程性"变革。怀特海认为"过程即实在,实在即过程"。任何事物总是作为过程而存在,都表现为或久或短的过程。但相比较而言,生命更具有过程属性。

生命总是处于变化的过程中。恩格斯说过:"任何一个有机体,在每一个瞬间是它本身,又不是它本身,始终处于不间断的变化之中。"变化是生命之舞。生命体的新陈代谢、遗传变异、生长发育,无不表现为变化。生命的变化还表现在用变化应对变化,生命总是主动协调与环境的关系,用变化来维护内部的稳态。生命是变化的,教育应该拥抱变化,把变革作为常态,以变化应对变化。

生命的变化并不是匀速的,有其内在的时间结构序。"自然拥有自身的节奏,如日月盈亏,寒来暑往;生命拥有自身的节奏,如呼吸吐纳、生老病死。"[①]教育要相信这种生命节奏的

---

① 冯秀军.生命的节奏与教育的节奏[J].北京教育(普教版),2009(06):1.

力量，主动"探寻生命的节奏，合于生命的节奏，强化生命的节奏，并创造生命的节奏"①。

生命的变化又具有不确定性。生命现象是宇宙非线性运动过程中生成的，生命系统本身具有高度的非线性性质。生命过程不同于物理过程和机械过程，不是"本质先定，一切既成"的简单流程，是规律性与偶然性、确定性与非确定性的统一，是各种状态之间不停转化、生成的过程。生成与创造是生命过程的重要特性。与此相应，"教育的过程是一个不断改组、不断改造和不断转化的过程"②。

学校变革要尊重生命和教育的过程属性，主动应对教育改革和发展的新形势、新挑战，主动研究和顺应生命和教育节奏，发现和把握生命和教育过程中的各种偶然因素，开发变革过程中的创造潜能，拓展变革的可能空间。

"人法地，地法天，天法道，道法自然。"自然是无上的智者，生命是最好的老师。"一个真正的发现之旅不是寻找新的土地，而是获得新的眼光。"③学校变革应该从自然和生命中，从"有机"中获得新的眼光和新的力量。

---

① 冯秀军.生命的节奏与教育的节奏[J].北京教育（普教版），2009（06）：1.

② ［美］杜威.民主主义与教育[M].王承绪，译.北京：人民教育出版社，1990：54.

③ ［法］埃德加·莫兰.复杂性理论与教育问题[M].陈一壮，译.北京：北京大学出版社，2004.

# 后　记

## 艰难的生成

1983 年中师毕业至今,先后就职于基层学校、教育局机关、教科研部门。其中在机关工作时间最长,有 16 年之久。之前,从未想过在职业生涯中,在临近退休时,会写这样一本书。可以说,这本书是在工作变化过程中逐渐生成的。

以前一直觉得,在机关做文字工作比较辛苦,没曾想写这样一本书,会如此艰难。

写作过程中,我时常想起苏格拉底的一句名言:"我知道得越多,就越发现自己的无知。"因为,我写得越多,就越觉得自己无知。

以前,尽管一直笔耕不辍,但主要是写与行政工作有关的公文,而公文不太讲究理论创新和逻辑严谨;尽管利用工作之余断断续续写过 50 余篇教育论文,但基本上是"打一枪换一炮",缺乏稳定的研究方向和持续的研究专题。

这种艰难不仅仅因为无知,还因为要付出巨大的努力来保持专注。或许因为年龄,或许因为意志力,或许因为工作和生活琐事,或许这些兼而有之,我深深体会到,现在能够坐下来,长时间伏案思考一个问题,是多么的不易!尤其是在这样一个信息爆炸、世风浮躁,在人的注意力越来越被现代技术绑架的时代。

伴随这种艰难还有惶恐和不安。因为越写越觉得,以严谨而有新意的学术专著要求来看,这本书问题较多,瑕疵不少。

本书的题目是"生命有机体意蕴下的学校变革",可是"有机体意蕴"究竟是什么?对它的概括和提炼能否到位?学校变革究竟怎样才能体现有机体意蕴?当初选题时对这些问题并没有细究,在行文的过程中又没有很好地扣题,以至于总觉本书缺乏一种灵魂,缺乏理论深度和内在关联。

学校变革是一个宏大的课题,生命有机体意蕴,其内涵又极其丰富和深邃,显然,讨论"生命有机体意蕴下的学校变革",选题较大,无论从广度和深度上都有力不从心之感。

本书的结构从总体上看,是"总分结构"。第一章阐述了生命有机体之于学校变革的意蕴,可以看作本书的总论,其后五章实际上是第一章内容的展开。如此,全书的结构上比较平面化,缺乏递进感。虽然总分结构也较为常见,但总觉得没有像环环相扣、层层推进的递进式结构那样更有一种学术探究的味道。此外,各章虽然各有侧重,但相互之间又有交叉、重叠现象。

鉴于上述问题,有时想调整内容,甚至想重新构架,但是时间不允,精力不许。还是暂且画上一个句号吧!尽管这不是一个完满的句号。好在书虽完稿,但研究还可以继续。

这本书一开始就没有定位于纯思之作,而是力求联系改革实际,聚焦现实问题,总结实践探索。

　　书中涉及的学校主动发展、集团化办学等内容，是常州市教育局近年来重点推进的教育改革主题。书中引用的学校变革案例大多来自常州地区一些中小学。从此意义上说，本书非完全是我个人所作，而是常州教育同仁的共同建构，它留有常州区域教育改革创新的印记。

　　当然，艰难的过程也是收获的过程。笔者深耕教育多年，从来没有像这样系统阅读教育资料，思考教育问题。这种阅读和思考，无疑会让我开阔视野，丰富积淀。

　　在这艰难的过程中，有时也想过退缩；但多年的教育情结，领导的支持，同事的鼓励，让我不甘放弃。或许像我这么大年龄，本该退居山隐，每每想到此，我会以美国诗人罗伯特·弗罗斯特的名篇《我有诺言，尚待实现》来鞭策和鼓励自己。

　　"树林美丽，幽暗而深邃，但我有诺言，尚待实现，还要奔行百里，方可沉睡……"

　　"我有诺言，尚待实现！"这本书将成为我教育旅程的新起点！

　　马斯洛说过："如果你手里只有一把锤子，那么你看所有东西都像钉子。"由于本人学识不足，视野狭窄，能力有限，文中难免多有偏颇、片面和不确切之处，欢迎读者批评指正。

　　最后感谢杭永宝局长、胡鹏副局长等教育局领导以及常州市教科院朱志平、潘小福等领导的理解和支持，使我得以有时间和精力完成这本拙作！感谢同事们的鼓励！感谢南京大学出版社范余老师的指导和帮助！